タブレット教材の作り方とクラス内反転学習

赤堀侃司［著］

Jam House

はじめに

本書は、「タブレットは紙に勝てるのか」（赤堀侃司、ジャムハウス、2014）の姉妹本である。上記本は、私の研究をベースにして、タブレット端末と学習における認知過程との関連を論じたもので、タブレット端末は、紙ともパソコンとも異なることを明らかにした。紙は、限られた紙面で記述されている内容をきちんと理解したり記憶することに優れており、タブレット端末は、自分の意見を述べたりイメージを膨らませたり、つまり発展的に思考するデバイスとして優れていることを、実験計画に基づいた実験結果から、結論付けた。これから言えることは、タブレット端末が紙に置き換わるのではなく、両方のデバイスをブレンドして使うことが学習上最も効果的であると、主張した。

では、タブレット端末とパソコンとの違いは何かという問いが生じる。紙は鉛筆で、パソコンはマウスやキーボードで、タブレット端末は指やタッチペンで、自分の意図をデバイスに伝えるが、その伝え方が直接的か間接的かで異なることを明らかにした。そのことを、イメージスキーマのモデルで説明した。その意味では、タブレット端末は、パソコンよりも紙に近いデバイスであると、述べた。

タブレット端末の特性は、上記本で理解できるが、実践では、どのように授業を展開すればいいのか、どのように教材を作ればいいのか、には答えていなかった。そこで、本書を上梓した。始めてタブレット教材を作る人、誰でも簡単に作れること、時間がかからないこと、タブレット端末の特性が活かせること、などを念頭に、私自身が作成した。さらに、中高等学校を主に念頭に置いて、クラス内反転学習を提案した。初めて本書の活字で提案する授業モデルである。参考にして実践していただければ、大きな喜びである。

第1章と第2章のタブレット教材の作成と授業デザインは、赤堀侃司が執筆し、第3章のアプリなどの操作法は、池田利夫が執筆した。第3章まで読んでいただければ、明日の授業からすぐに実践できるであろう。私は、特定のアプリで教材を作成したが、類似のアプリはいくつも市販されている。本書はタブレット教材の授業デザインが主目的であって、アプリ紹介本ではないことをお断りしておきたい。

平成27年7月吉日

赤堀侃司

第1章 タブレット教材の特性とクラス内反転学習……9

1 タブレット教材と紙教材などをブレンドして使うこと……10
2 タブレット教材では直接に操作すること……13
3 クラス内反転学習の提案……16

第2章 タブレット教材と授業デザイン……31

1 小学校算数　分類……32
2 小学校算数　分ける……36
3 小学校算数　引き算……40
4 小学校算数　分数……44

5 小学校算数　図形……48
6 小学校国語　1枚の写真から……52
7 小学校国語　文章の並び方……56
8 小学校国語　季節の風情……60
9 小学校国語　俳句……64
10 小学校生活科　学校探検や町探検……68
11 小学校社会科　地図……72
12 小学校社会科　食料の自給……76
13 小学校社会科　情報システム……80
14 小学校理科　流れる水の働き……84
15 小中学校理科　実験手順……88
16 意見のまとめ方　ビデオ視聴……92

17 小中学校道徳　自分史作り……96
18 クラス内反転学習(1) 中学校数学　グラフ……100
19 クラス内反転学習(2) 中学校数学　図形……104
20 クラス内反転学習(3) 中学校理科　電気……108
21 クラス内反転学習(4) 中学校理科　地震……112
22 クラス内反転学習(5) 時事問題……116
23 クラス内反転学習(6) NIE・時事問題……120
24 クラス内反転学習(7) 小学校算数　概数……124
25 クラス内反転学習(7) 小学校算数　小数の掛け算……128

第3章 タブレット&アプリの基本操作 …… 133

タブレットの機能とアプリで教材を作る …… 134
1 Wi-Fiに接続する …… 136
2 付属のカメラで写真や動画を撮影する …… 141
3 インターネットで情報収集する …… 146
4 白板ソフトで資料を読んだり書いたりする …… 150
5 MetaMoji Note Liteで学習資料を用意する …… 166
6 ロイロノートで発表の準備をする …… 182
7 Dropboxでファイルを共有する …… 190

第 1 章
タブレット教材の特性とクラス内反転学習

本書を刊行にするにあたり、はじめにタブレット教材の特徴について触れておかなければならない。そのことを実感したのは、これまでの学校におけるタブレット教材の使い方は、紙教材やパソコンや実物投影機で十分と思われる場面や、むしろ別のデバイスのほうが優れていると思われることも多かったからである。無理にタブレット端末を使うような意図があったかもしれない。しかし、これから全国の小中高等学校にタブレット教材が普及するならば、きちんとタブレット教材の特質を知った上で、学習指導を工夫する必要がある。そこで、本書の姉妹本である、「タブレットは紙に勝てるのか」（赤堀侃司、ジャムハウス、2014）で書いた内容から関連するタブレット教材の特性を、概略的に述べる。さらに、本書で提案しているクラス内反転学習について述べる。

1 タブレット教材と紙教材などをブレンドして使うこと

タブレット端末は、紙とどう違うのかという問いである。先の私の著書で詳細に述べたので、興味ある読者はそれを参照していただきたい。実験の結果だけを表1に示す。

［表1］理解度テストの分析結果（赤堀侃司、2014より引用）

	章末問題	総合得点	多肢選択・記述		基礎的・応用的		知識・理解・総合		
			多肢選択	記述	基礎的	応用的	知識	理解	総合
iPad	○	◎	△	◎	△	◎	△	◎	◎
PC	△	△	○	△	○	△	◎	△	○
紙	◎	◎	◎	○	◎	○	◎	◎	○

ただし、iPadはタブレット、PCはパソコン、紙は紙教材で、同じ内容を用いた。

　表1は実験計画法に基づく統制群と実験群の実験結果であるが、◎、○、△の順に理解度テストの平均得点が低くなる。統計的な検定はしないが、表1を見れば、特に紙とiPadの間に、質的な問題特性に応じた順位の差が一貫して示されていることがわかる。多肢選択、基礎的、知識、理解の問題では、紙が優れ、記述、応用的、理解、総合の問題では、iPadが優れていることがわかる。アンケート結果と関連して考察すれば、紙は決まった範囲の内容を記憶したり理解したりすることに有効なデバイスであり、自分の意見を述べたり表現したり発展的に考えたりすることには、タブレット端末が優れていると言える。

　このことを、少し考えてみよう。紙には、文字や図表が中心に掲載されている。写真などもあるが、その解像度は、タブレット端末やパソコンに比べれば、はるかに劣る。基本的には言語情報である。文字を読みながら、図や表を見ながら、こういう意味かと思考するので、逐次的な処理を行っていると考えてよい。タブレット端末やパソコンでは、写真や映像や音声などが表示されるので、処理する脳の部位が異なるであろう。写真などは瞬間的に見るのでイメージ的に処理しており、順番に処理するのではなく全体としてとらえ、瞬間的に脳に記録するであろう。タブレット端末で学習している光景は、文字を読みながら写真や映像を見ながら、つまり言語情報とイメージ情報の両方を行き来しながら、処理している。文字が中心の情報よりも、より多様な情報にアクセスしている。それは、思考を広げることであり、集中思考よりも発散思考に近いと言える。

以上から、内容が限られていて、その範囲で集中して思考したりまとめたりするには、紙は強力なデバイスであるが、発散的に考えて、自分の考えを付加したり協同で考えたり議論したりするには、タブレット端末が適しているとも言える。協同学習やブレーンストーミングでは、よくKJ法やアイデアマップが活用されるが、それは、言語や概念などの抽象的な情報を、イメージ的に見える形にしたほうが、全体をつかみやすいからであり、逐次処理と全体的に俯瞰する可視化を同時に行う方法と考えることもできる。

その意味では、紙とタブレット端末の両方を、ブレンドして使うことが、実験結果からも実践的にも、最も推奨される。

2 タブレット教材では直接に操作すること

タブレット端末には、もっと重要な特性がある。タブレットとは、平板という意味である。人は古代エジプトの時代から、パピルスで作った紙に文字を書いてきた。紙は薄い板とも考えられる。黒板も白板もノートも壁も平板であり、人は平たい板を見ると何か書きたくなるのではないだろうか。平板のアフォーダンスと言ってもよい。パソコンは、平板ではない。キーボードという操作盤があって、その盤を通して、自分の意思や考えをパソコンに伝える。だから、タブレット端末は、形や仕組みはパソコンに近いが、人との関わりの観点からは、パソコンよりも紙に近い。紙は鉛筆で書く。パソコンは、キーボードから、タブレット端末は、直接に指でタッチする。人とデバイスのインターフェースという観点からは、タブレット端末は紙に近い。それは、動作の直接性という意味で重要である。

人が何かを他人に伝えたい時、必ず動作を伴う。何か強調して言いたい時、手で何かを押すようなしぐさをする。誰に教わったわけでもないが、何故か手が動く。このような手の動きは、人が表現する時に、例えば、授業で子どもたちに内容を伝える時、講演で話している時、議論している時、雑談をしている時など、ほとんどすべての場面で、言語に伴って生じている。

それは、会話の内容のレベルに関わらずと言ってよい。例えば、子どもが学校に出かけたという時、自宅から学校までの移動を、手で左から右に動かすしぐさをするかもしれない。化学の授業で、化合物は、電子がある原子から別の原子へ移動して結合していると説明する時も、同じように電子の移動を生徒に伝えたい時は、手で同じしぐさをするかもしれない。ある中学校で、社会科の金融の働きの授業を参観した。わかりやすい授業で、教師は、その仕組みを板書した。銀行は、お金の余っている人からお金を預かるが、その時利子がつく。逆にお金が不足している人は、お金を銀行から借りるが、その時利息がつく。利息のほうが利子よりはるかに高いので、銀行はその差で利益を得ているという説明を、矢印を使って板書した。同時に手も動かした。これは、人と銀行の間にお金の移動があることを示しているわけで、本質は移動することである。このように考えると、子どもの通学、化合物の構造の仕組み、銀行の利益、需要と供給など、同じ動作を示している。ある方向に動くことが本質であり、その時、人はそれを伝えたいので、手で動作する。

コンピュータの自動翻訳がかなり進んでいる。「私は今日、学校に行った」と、英文に翻訳することは容易にできる。単語の知識と文法の知識があれば、翻訳できることは誰でも想像できる。しかし、コンピュータに、「その私は自宅にいますか」という、ほとんど自明の質問をしたら、正しく答えられるかどうか、極めて疑問である。何故なら、自動翻訳は意味を考えていないからである。もちろん、今日の技術進歩は急速であるから、このような幼児でも答えられるような問いに誤るとは考えにくいが、表面だけの翻訳であれば難しいと言わなければならない。将棋でもチェスでも、高段者に匹敵するような知識を蓄えているコンピュータであるから、たぶんこのような意味に関する知識も蓄えているであろう。かつては、常識のような知識をどう蓄えるかが、極めて難しい技術であった。

以上から、単純な言葉から複雑な概念まで、その意味を表す動作が中心になっていることがわかるであろう。これは、レイコフという人が提唱したイメージスキーマの考えである。彼は、抽象的な概念も、元をたどれば、日常的な経験に基づいた身体的な動作から認知されたスキーマであり、それが発展したと述べている。この考えを適用すれば、元になる日常的な動作をデバイスに表現できることが重要ではないか。パソコンは、その意味ではキーボードから間接的に意図を伝えることに対して、紙やタブレット端末は、鉛筆や指で直接的に伝えることができるので、表1に示すように学習効果が高かったと解釈できる。タブレット端末が、指やタブレットペンで移動したり描いたりできることは、最も重要な機能と言える。

この意味で、タブレット教材では、直接に指で動かし操作することが、本質的な意味を持っている、本書では、その特性を活かした教材を、私が作成して紹介している。

3 クラス内反転学習の提案

(1) これまでの反転授業

反転授業については、よく知られているが、いくつかの先駆的な自治体で実践されている。反転の意味は、家庭と学校が反転するという意味で、これまで学校では、専門の教員がきちんとわかるように学習指導をして、家庭では、復習などを中心にして知識や理解の定着を行うことが、暗黙の了解になっていた。教員の役割は、いかに子どもたちにわかりやすく教えるか、理解させるか、喜んで授業に参加できるようにするかであり、その指導技術を磨いてきた。それは、大成功したと言ってよいであろう。

TIMSS 1999 授業ビデオ研究がある（例えば、小倉康、松原静郎、国立教育政策研究所、2004）。TIMSSは、小中学生を対象にした数学理科の国際調査であるが、日本は常に1位から5位までに位置するトップの学力を保持している。このビデオ研究は、参加している国の授業風景をビデオ録画して、詳細に分析して国際比較した研究である。この研究によれば、日本の小中学校教員の指導力は、きめ細かく子どもたちを丁寧に指導しており、一言で言えば、他の国に比べて、きわめて優れていることがわかった。

しかし、それは教員が、いかに子どもたちに理解させるか、子どもたちの思考力を伸ばすかという指導であり、それは世界的にもトップレベルの指導力であるが、子どもたち自身で自ら気づいたり、判断したり、意見を述べたり、表現したり、他人と異なる意見を述べたりという意味では弱かった。つまり、表面では、子どもたちは活発で、授業に参加しているが、それは教員の優れた指導力によって作られた活動と言えば、少し言い過ぎであるが、そのような授業風景であった。小学生が、中学生・高校生と進学するにつれて、教室での発言は極端に少なくなり、質問する光景は見られなくなった。大学では、質問の指名もできない状況になっている。いかに分からせるかではなく、自分たちで疑問を持ち、自分たちで考え、場合によって議論しながら、解を求めていく、本来の学習に戻すには、家庭と学校の役割を変えて、家庭では、自らが予習をして基礎的な内容の理解をし、学校では、質疑応答や問題解決や、話し合いを中心に行うという反転の発想は、きわめて斬新で興味深い学習法と言える。

しかし、現実には、いくつかの問題がある。1つは、子どもが予習をしてこなかったらどうするかである。すべての子どもが予習してくることが前提の授業は、どこか無理がある。無理な授業デザインは、モデルはできても普及は難しい。予習してこなかった子どもは、授業中ではお客さんになるだろう。これは、子どもの学習権を奪っているような授業であり、子どもたちを、予習してきて議論が活発にできる子どもたちと、議論に参加できない子どもたちに2極化する方向に向かわせる。公教育の立場では、全員が学習するチャンスを与えなければならない。

2つは、わからなくなったら、どうするかという問いである。予習用に教員の作成したビデオを家庭に持ち帰って視聴するのであるが、途中で理解できなかったら、どう対応するか。まさか両親に聞くわけにもいかないだろう。ビデオだから、停止ボタン、巻き戻しボタンがあるので、繰り返し視聴すればよい、という答えが返ってくるが、繰り返し視聴して分かるのは、知識の問題だけである。何度聞いても理解できないので、分からないのである。2回聞いて分かるのであれば、それは真面目に聞いていなかったということであろう。わからなくなったらお手上げでは、反転授業が、基礎的な内容を自分で理解していることを前提としているので、ここに無理がある。

3つは、ビデオがインターネット配信による動画の受信であった時、装置が壊れたり、作動しなかったり、高速回線に接続できていない家庭では、どう対応するのか、という問いである。すべての家庭が光ファイバーによる高速接続になっているわけではない。公教育は、すべての子どもたちが前提になっており、経済的・家庭的事情によって、不利益をこうむるような子どもたちがいてはいけない。また途中で動かくなることは、機械をあつかう限り、起こり得ることである。誰もが経験している事実である。その対応は、難しい。家庭に誰か機械に強い人がいれば有難いが、そのような家庭ばかりでないことは、当然のことである。

このように、反転授業そのものの教育理念は優れており、学校教育を変える潜在力を持っているが、現実には上記のような課題があった。したがって、反転授業について、賛否に分かれた議論が展開されてきた。その課題は、きわめて重く、研究指定校ではできても、継続的に、すべての学校に普及させるには、多大な労力が必要になった。

(2) クラス内反転学習とは

クラス内反転学習とは、上記の課題を解決するための新しい授業モデルである。この授業モデルは、私が本書で、初めて活字として提案する授業形態である。

その授業モデルを、以下の通り示す。始めに、クラス内とは、教室の中で、という意味である。クラスルームのクラスの意味で、教室内で反転授業を行うという趣旨である。授業は、英語でクラスとも言うので、反転学習にした。授業は、教員が授業計画を作り、その指導案にしたがって授業展開するという、教員主導のイメージが強い。学習は、子どもが学ぶという意味で、子どもに中心が置かれている。ここで言う反転学習とは、子どもが主体になる授業形態を示しているからである。

イメージ的には、通常は教員が作成した数分程度の動画を、授業中に子どもたちがグループで視聴する。内容によるが5分以内の動画なので、時間はかからない。グループでの話し合いや理解度チェックなど含めて、20分以内と考えている。視聴して分からない個所を、戻って再生するが、このわからない個所をグループで議論する。全員が納得したら、紙のワークシートで理解度テストか確認問題を行う。この間、教員は机間巡視してアドバイスを与える。授業風景をスケッチすれば、上記のような流れになる。この20分以内のクラス内反転学習は、授業の前

［図1］クラス内反転学習の授業形態

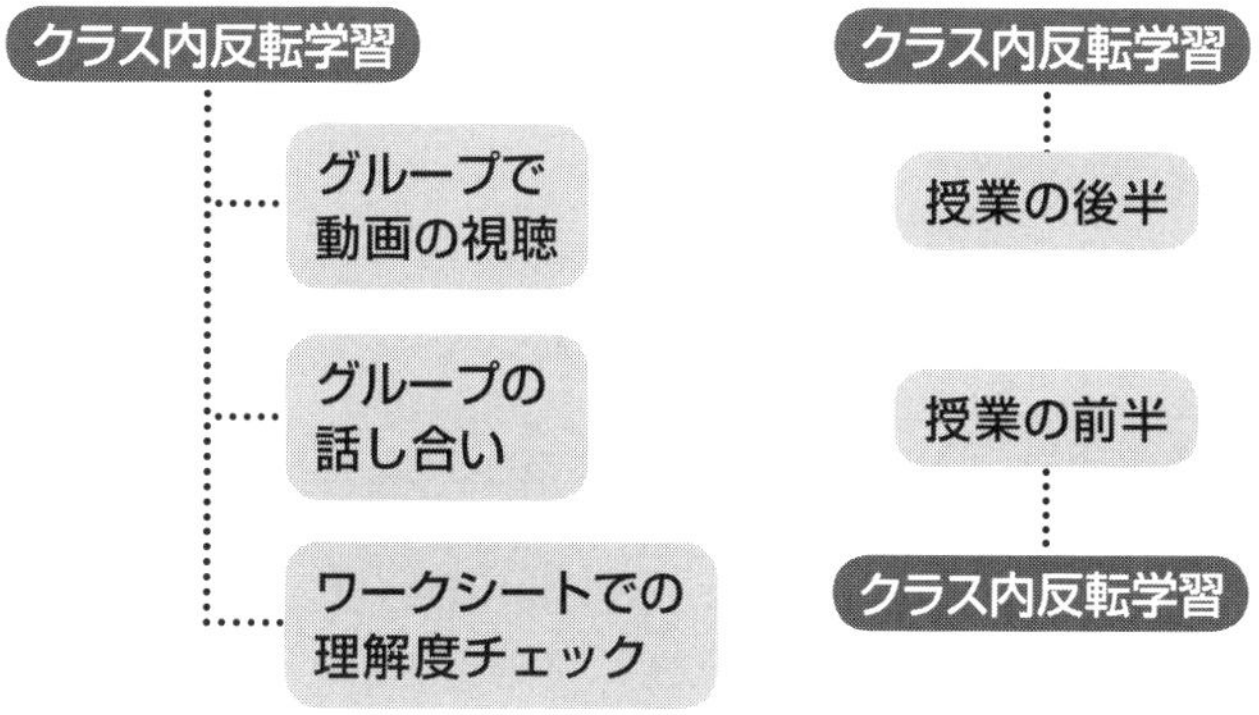

半でも、途中でも、後半でもかまわない。それは、教員の授業デザインに依存する。

　したがって、この授業形態は、通常の授業の中で、自然に行う形態であり、特別な装置は要らない。ただし、動画を視聴するために、本書ではタブレット端末を用い、この動画を作成するためのアプリを用いているが、別のデバイスでもかまわない。例えば、タブレット端末で撮影して、ファイルに保存してもよい。実際の教材は、第2章でクラス内反転学習として8事例を作成して紹介しているので、参照されたい。以上の授業形態を、図1に示す。

(3) クラス内反転学習の特徴は

　以下、学習形態の特徴を示すが、この学習法が、先に述べた、これまでの反転授業の問題点を解決することを、次に述べよう。

まず、最初の家庭で予習しなかった子どもの問題は、無くなる。当然ながら、授業中に行うクラス内だからである。欠席する子ども以外は、この学習に参加できるからである。

2番目の、分からなくなった時の対処法であるが、グループで議論することが解決する。グループには、算数の図形の得意な子ども、理科の実験が得意な子ども、社会科の世の中の仕組みに興味を持っている子どもなど多様である。それが自然であり、子どもたちには個性がある。そこで、教えあいや学びあいが生じる。ただし、グループでの話し合いがなかなかできなくて、と言う教員もいる。どうしたら、議論ができるのかで、苦心している教員もいるが、このクラス内反転学習では、紙ワークシートで、後で理解度問題を解くことを、原則としている。これが、動機づけになる。動画を見て、後で理解しているかどうかの確認があること、グループで近くに顔を寄せているので、一斉授業のような緊張感はなく、気楽に質問できるという特徴があるので、わからない個所を相談しあえるのである。

3番目の、機械の故障やネット接続やトラブルへの対応は、教室なので、教員が対応できる、機械の故障であれば、予備のタブレットを持ってきてもよい、何らかの対応がしやすく、家庭で困ったという状況と異なっている。

以上のように、クラス内反転学習は、反転授業の教育理念を生かしながら、その問題点を克服する授業モデルと言える。ここで、反転という意味について、述べなければならない。これまでの反転授業と異なり、家庭と学校の役割が反転するという意味ではなく、教員と子どもの役割が反転するという意味である。教員が一斉授業で、子どもたちに質問しながら、理解に導く技術は、日本伝統の懐石料理のように、細やかで、子どもたちの特性を踏まえた優れた技術であるが、その役割を、動画を視聴させながら、子どもたち同士で理解していくように、反転するのである。教員が理解に導くのではなく、自分たちで道を開いていくと言ってもよい。

だから、このクラス内反転学習で主張したいことは、子どもが主役になることである。子どもが主役になることは、言葉上では、これまでも言われてきたとおり、目新しい理念ではない。小学校から大学まで、それを模索してきたと言ってよい。しかし正確に言えば、教員の手から子どもの手に渡すという転換は、できていなかった。そのような模索をしたと言えるが、もし子どもに手渡すと、野放しになって、授業と呼べる形態でなくなるという怖さがあった、特に、中学校や高等学校では、教科内容の量が多く、授業時間内で子ども中心の活動をすると、内容を消化できないという怖さがあった。

これまでの多くの子ども中心の活動は、総合的な学習の時間を見ればわかるように、活動が多く含まれていて、結局何を学習したのか、どんな知識や能力が身についたのかと、賛否の議論が続いた。確かな学力の理念のほうが、多くの人々にとって、受け入れやすかった。子ども中心の理念はわかるが、現実には、教員が中心になって、子どもたちの考えを引き出し、全員で議論しながら結論に導くという、世界的に見ても優れた指導技術が、授業研究や校内研修会などで培われてきた。

しかし、この指導技術は、小学校では通用しても、中学校や高等学校になるにつれて引き継がれなくなった。小学生のような柔軟な思考を持つ年代では通用しても、高校生のような自分の意見を持っている年代では通用しないという学習指導では、一貫性がない。学級担任と教科担任の違い、発達段階の違いなど、原因はいろいろあるが、何か新しい発想による学習指導法はないのか、という模索を通して、クラス内反転学習にたどり着いた。

クラス内反転学習では、5分以内の動画であること、それは単元内容の一部であること、ワークシートで理解度をチェックできること、教員が自作できること、単元のどこの内容をクラス内反転学習として設定するかは、教員自身が決めることなど、教員の授業デザインによるところが大きく、学習進度に応じて、子どもたちの特性に応じて、柔軟に対応できる。そして、20分間は子どもたち自身による学習活動であることが、最も大きな機能である。この時間は、教員の手から子どもの手に渡すことができる。そして、子どもたち同士の話し合いが生まれる。だから、クラス内反転授業は、特に中高等学校において実践していただきたいと思っている。

先に述べたように、教科担任の中学校や高等学校では、授業時間が不足するので、授業中の脱線も控えるような気持ちになるであろう。どうしても、ここまでは教えたい、伝えておきたいと思うのは、人情である。しかし期末試験で採点をする時、教員はいつも頭を抱える。教えたことが、愕然とするほど子どもたちに伝わっていない。これは、大学でも同じ事情で、試験の採点ほど、自分を振り返ることはないと言ってもよい。もし子どもたちの頭の中が、空っぽの容器ならば、そのまま伝わるが、そうではないと、レズニックは言った。子どもは生きている。情報を受け取りながら、ここは違うのではないか、自分はどうもおかしいと思う、何を話しているのかわからない、もう聞くのを止めよう、など刻々と感じている。それを素直に表現できる仕組みを、動画を視聴しグループで話し合い、理解度チェックをするという方法で、実現する試みである。

(4) 授業の展開で注意すべきこと

クラス内反転学習でも他のデジタル教材でも同じであるが、授業での活用において注意しておきたいことがある。

① 簡単にできること・時間がかからないこと

教員は、デジタル技術の専門家ではない。時間がかかっては、継続できない。当たり前であるが、楽に自作できることが肝要である。時間をかければ、よりきめ細かい教材ができるだろう。しかし、そのことと学習効果は別の議論である。授業は、総合的な生き物で、教員の授業力、子どもの特性、教室環境などが複雑に関連しあっているので、教材だけ凝って作っても、教科の単元に合わなければ、教師の指導力に合わなければ、学習効果は薄い。教材は料理の食材のようなものであり、料理人の技術が重要であることは言うまでもない。

教員は忙しい。簡単にできるものでなければならない。本書で紹介した教材は、私が自作したものであるが、きわめて簡単にできるものだけを掲載した。

② 自作できること・誰にもできること

教員は、自分の哲学を持っている。自分なりの指導法を作り上げている。他からの借り物では満足できない。ドリルのような練習であれば、市販の練習帳でいいが、内容を理解させようとすれば、教員の専門性が問われるので、一般的な教材では難しいことを知っている。その学校のその子どもたちに合った教材が必要で、そこで忙しい時間の合間を見て、教員は教材研究をする。この時、複雑な技術やプログラミング技術などが必要とされれば、敬遠されることは明らかである。誰でも自作できなければならない。しかも、楽しみながら自作し、授業ではわくわくしながら、活用できなければならない。本書では、そのような教材を作成し紹介している。

③ アプリの活用は教室環境に応じること

クラス内反転学習では、私は市販のアプリを利用した。しかし、本書はアプリの操作本ではない。第3章で、操作法について述べているが、本書のねらいは、タブレット機能を生かした教材作り、授業デザインにある。クラス内反転学習は、動画作成であるから、アプリを使いたくない教員は、紙の資料でもよいので、その前で家庭教師のように解説をする光景を、後ろからタブレット端末のビデオ機能で撮影して、ファイルに保存してもよい。

また、教室に無線ＬＡＮ環境がない場合でも、十分活用できる方法を考えてほしい。授業中に無線ＬＡＮを使って、インターネットに接続したり、子どもたちの意見や考えを表示したりする場面は、小学校以外では、ほとんどない。グループ1台であれば、10台程度ならＵＳＢメモリからインストールしてもできる。与えられた環境で、できることから始めるほうが、やりやすい。

④ 家庭教師モデルであること

反転授業でよく言われることは、授業中に聞いてもわからない子どもは、動画であっても、停止ボタンや戻りボタンで、繰り返し視聴できても、やはりわからない。そもそも、ボタンを押そうと思わないので、無理なのだという声がある。もっともらしい反論であるが、クラス内反転学習は、家庭教師モデルであり、そこを解決しようとしている。

放送大学でビデオ録画して、勉強して資格を取ろうとする人も多いが、なかなか継続が難しい。何故であろうか。一斉授業だからである。学習意欲がなければ、続かない。学習意欲のある人は、大学の教室でも前の席に座って、ノートをしっかり取って聞こうとする。大学でも、教室の前の座席から学生が詰まってくる教員は、人気が高く講義も面白い。何故熱心な学生は、前の座席に座るのだろうか。そのほうが、分かるし聞きやすいという当たり前の答えが返ってくるだろう。つまり教員との距離を縮めることで、その教員の声や動きや雰囲気まで受け入れようと考えるからであろう。

そのことを、プレゼンスと言う。プレゼンスとは、存在感である。そこに居るという存在が、学習を促すというプレゼンス理論であるが、それは身近では、家庭教師と言ってよい。家庭教師は、子どものすぐ側にいて、時には雑談をしながらでも、質問に答えたりする。説明の途中でも、子どもが、ここはどういう意味だと問いかけても、すぐに答える。一斉授業では飽きがきても、わからないことがあってもすぐには言えないが、家庭教師ではすぐに質問できる。それは、家庭教師が、その側に存在しているからである。その存在そのものが、学習を促進させるので、教室の前の座席に座る学生は、教員の存在を受け止め、必然的に成績を向上させている。

クラス内反転学習では、教員は側に子どもがいるような気持ちで、つまり家庭教師になった気持ちで、語っていただきたい。それが、優れた学習効果をもたらす。

第 2 章
タブレット教材
と
授業デザイン

No. 01 小学校算数　分類

教材1-1　分類する

子供の考えによって、自由に分類する。（MetaMoji／白板ソフト）

教材1-2　分類する

授業の最後は、教員が分類の根拠の考え方をまとめる。

分類すること

小学生にとって、特に低学年では、分類すること、仲間わけすることは、学習の基本である。この単元の内容は、算数に限らない。生活科でも、総合的な学習の時間でも、社会科でも、ほとんどすべての教科や領域で、分類する、分ける、同じものをまとめるという活動は、共通に見受けられる。

私が、この単元の授業を参観したのは、京都教育大学附属桃山小学校の総合的な学習の時間での実践であった。それが何故印象に残っているかと言えば、授業参観者の大人も、授業に参加したからであった。参観者の皆に、小さな白板が配られて、その白板に、いろいろな動物の姿をした紙が置いてあって、自由に仲間わけできるようになっていたからである。はじめは、とまどった。ワニは両生類だったかハ虫類だったか、サルは哺乳類だったか、など昔の知識を頭の中で探している内に、こんなに難しいことを小学校低学年に教えるのかと思っていたら、子どもたちから次々に答えが出てきた。

色の違い、しっぽがあるかどうか、水に住んでいるか、飛べるか、人間より大きいか小さいかなど、面白い発想が次々に出てきたのである。子どもの発想は素晴らしい。ただ率直に感心していたら、授業担当教員は、それを見事に黒板にまとめて、最後は、学習ソフトを使って、きれいに分類できることを示した。

動作しやすくする

私が、この単元で重要だと感じた活動は、その仲間わけする、同じものをまとめるという動作そのものである。その行動や動作が伴わなければ、この学習の意味がないことは、誰でも理解できる。その動作は、誰か1人が黒板に出てきて、代表でデモをしても意味がないことも納得できる。その他の子どもたちは、その動作を見ているだけであるから、学習の実感がない。そこで、この学校の教員は、小さな白板と動物の絵を切った紙を用意して、その白板の上で、自由に動かすことを許したのである。この自由に動かすことが、子どもの発想を豊かにし、脳を活性化し、思考を深くしたと言える。それは単に、手を動かしているだけではなく、「こうだろうか、ああだろうか」と考える脳の指示にしたがって活動をしている。脳と手の動きがスムーズに連携していること、それがこの単元では必須の要素になっている。そのような自由に動かせる道具がほしい。

動かせるアプリ

写真で紹介した教材は、私自身が作成したものである。と言っても、インターネットからフリーに入手できるイラストを使っただけなので、私自身の労力はほとんどない。優れているのは、この学習アプリである。ここでは、学習ソフトや学習アプリと書いても、同じ意味なので、ご了解いただきたい。このアプリでは、取り込んだイラストを自由に画面上で動かせる。これは、素晴らしく、子どもの発想を豊かにするであろう。

私はこの教材を、慣れているパワーポイントで作成した。イラストはインターネットで取り込み、それをパワーポイントに張り付け、そのパワーポイントのスライドのイラストを、この学習アプリにコピー&ペーストした。その操作は極めて簡単で、第3章のアプリの操作編を参照していただきたい。ただ注意することは、パワーポイントのスライド1枚をそのままコピー&ペーストすると、そのスライド1枚すべてを1つとして認識するので、個々のイラストは動かせない。必ず、個々のイラスト毎に、コピー&ペーストしていただきたい。そのことで、この学習アプリは、それぞれのイラストを認識するからである。

さらに、いろいろな工夫もできる。イラストではなく、写真のほうがいいと思えば、写真を用いることもできる。授業者のアイデア次第である。

教材2-1　10を分ける

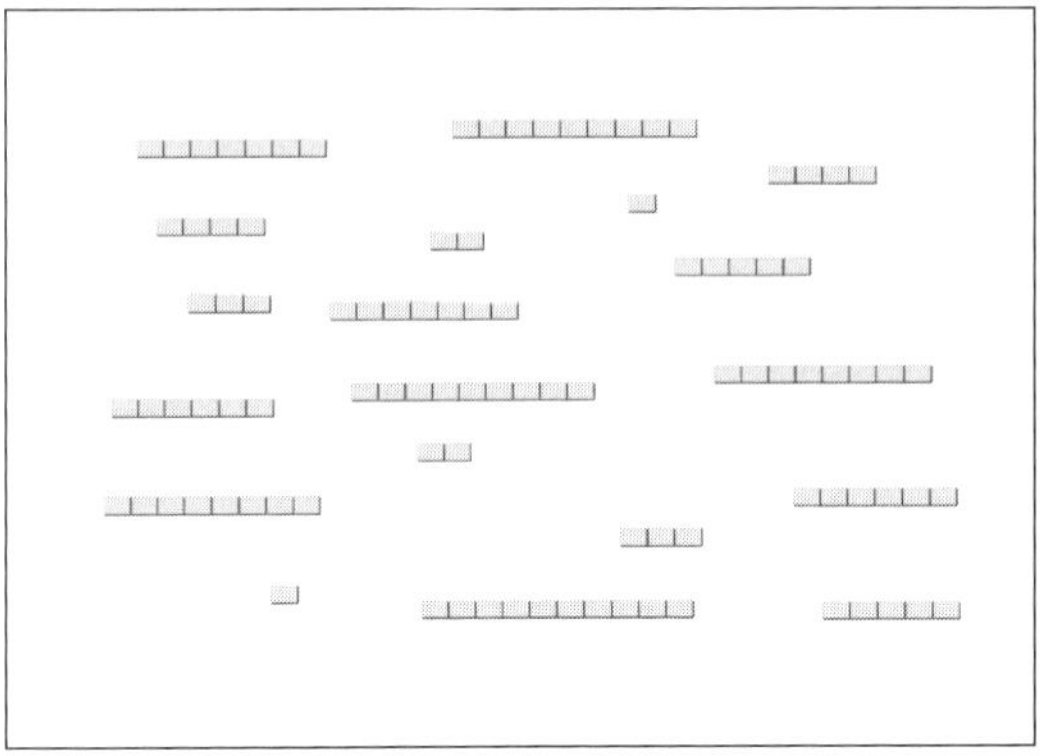

1から10まで、ブロックを順番に並べる。（MetaMoji／白板ソフト）

教材2-2　10を分ける

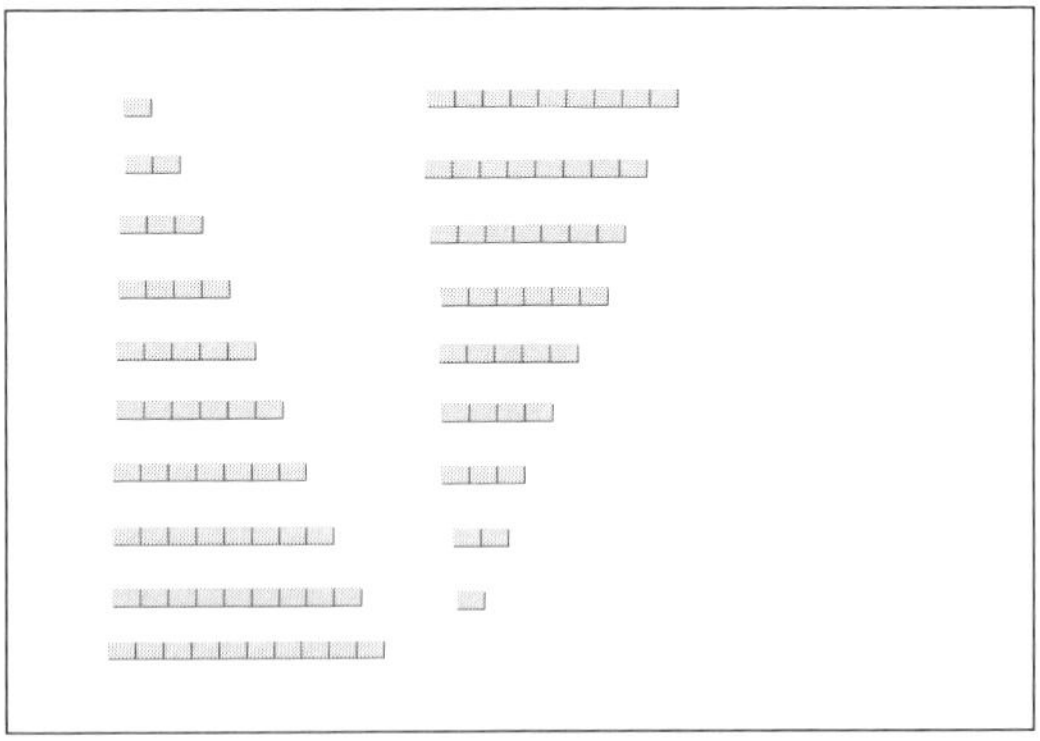

合わせて10になるように、もう一列を並べる。規則に気づかせる。

分けること

算数の足し算や引き算には当たり前であるが、少なくとも2つの数が必要で、何かと何かを足したり引いたりする操作を伴う。そのためには、数という意味が子どもに理解されていることが前提である。指を使って数えるという動作によって、子どもは数という意味を理解する。指は両手を合わせて10本あることから、10という基本的なかたまりを生活体験から理解している。それは10進法に発展するが、その10を基本にして、10が何と何に分けられるかは、足し算や引き算の基礎になるので、重要である。

はじめに、10個のおはじきのようなブロックを、机の上において、いくつといくつに分かれるかを、操作させる。7と3、2と8のように、2つに分ける操作をさせる。これは、具体物を用いた操作なので、学習効果は高い。何度も操作させるうちに、ある規則があることに子どもたちが気付き始める。それは、9と1、8と2、7と3のように順番に並べることで気づくので、この順番に並べるという操作が重要になる。

10個のおはじきやブロックでは、10個しかないので、この順番に並べるという活動はやりにくい。もちろん、100個のおはじきやブロックを用意すればできるが、かなり煩雑になるだろう。そこで、タブレットを用いて活動させる。

活動のさせ方

はじめは、写真のように、ブロックをでたらめに置いて、どの組み合わせで10になるかを考えさせる。それができるようになれば、順番に並べる。そこで、規則性に気づく。数字が1つずつ増えたり減ったりするので、10の意味を理解しやすくなる。あるいは、何かに気が付かないかと問いかけてもよい。

そして、10はいくつといくつと聞いて、何度も繰り返すことで、すぐに言えるようにさせたい。指で数えるという具体的操作から、数という抽象的な意味を知り、10はいくつといくつに分けられるという操作を、頭の中ですぐにできるようになって、足し算や引き算の段階に進んでいく。足し算や引き算では、指で数えるレベルでは計算が追い付かないので、即答できるようにさせたい。

学習科学では、自動化と呼ばれている。車の運転と同じで、ハンドルを握って、赤信号の時はブレーキを踏んで、それも急ではなく、徐々に踏まなければならないなどと考えていたら、危険で仕方がない。同じように、計算でも、頭の中で7と3という組み合わせがすぐに呼び出せなければならない。そのためには、何度も練習する必要があるが、その前にそうだと子ども自身が気づく必要がある。それは、手で動かすという動作が必要である。

教材の作り方

この教材も、はじめにエクセルで作って、それをこの学習アプリにコピー&ペーストした。操作は1と同じなので、具体的には第3章を参照していただきたいが、パソコンの操作を知っている人であれば、簡単にできる。エクセルでは、いくつかのブロックを作って、それをコピー&ペーストするだけであり、大きさや線の太さなども、この学習アプリで自由に編集できるので、操作しやすい。

またこのような規則性に気づかせる教材は、引き算や足し算では、頻繁に出てくる。ある基準で並べるという動作は、学習にとって基本であり、12-5, 12-6, 12-7なども、答えが規則的に変化することに気づかせたい。さらに、それは、1，2，4，6などの偶数の規則、1，2，4，8などの累乗の規則などに発展していき、やがて複雑な数列などの規則に発展する。1，2，3，5，7などの素数も、並べるという操作を通して、初めて気づくのであり、その動作の重要性に注目したい。

教材3-1　引き算の意味

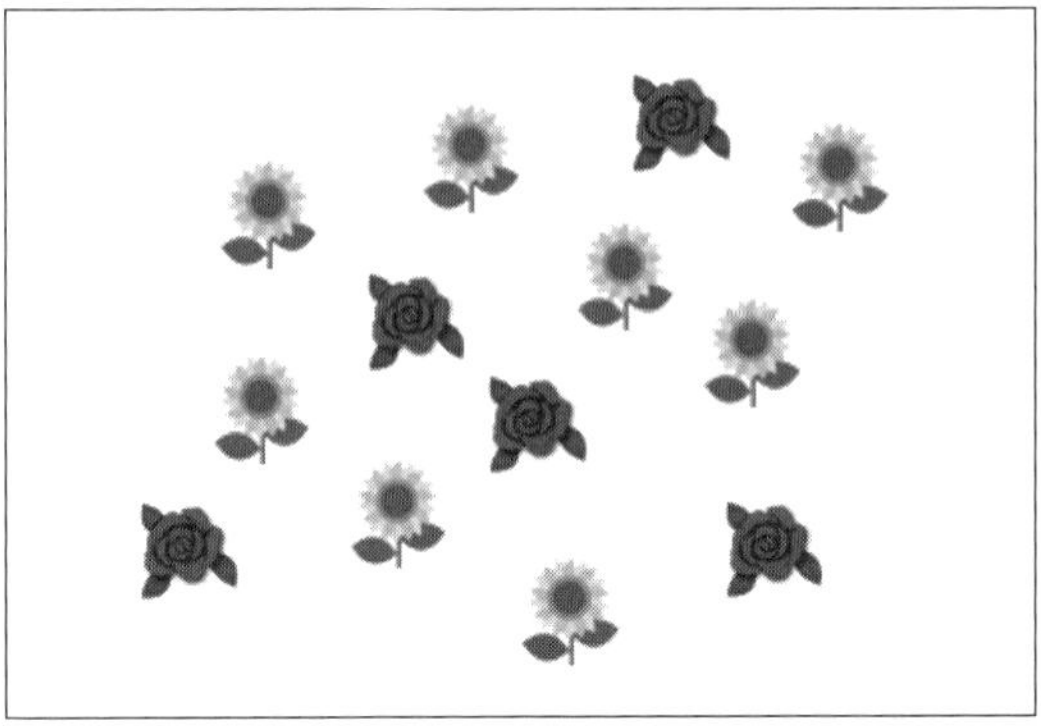

2種類の花をランダムに配置して、数の違いを考えさせる。
（MetaMoji／白板ソフト）

教材3-2　引き算の意味

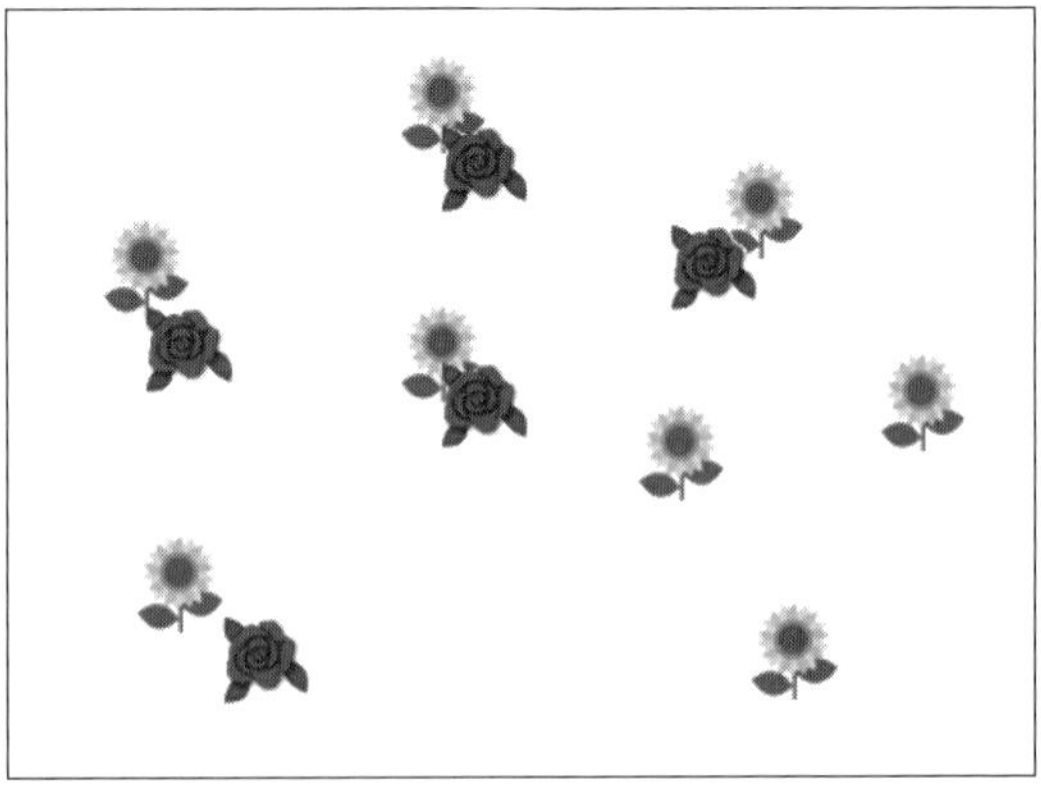

2種類の花をそれぞれ対応させることで、余った花の数を数えさせる。

計算の仕組み

引き算でも足し算でも、2つの数の比較が前提だということを、2の「分ける」項目で述べた。当然であるが、2つを比較することから、どちらが大きいかという引き算の意味が生まれる。写真で見るように、ばらばらに置いた種類の違う花が、どちらが多いかと問いかけるが、この場合は黒板に種類の違う花を磁石で張っておいてもよい。どちらが多いかと問われて、直ちに答える子どももいるだろう。そのような子どもは、塾や幼稚園などですでに学習しているからであろう。

答えが出るためには、写真では、ヒマワリの花が8本、バラの花が5本あって、その差が3本だという計算を頭の中で行わなければならない。頭の中では、まず、ヒマワリとバラの違いがあること、それぞれが8本と5本あること、大きい数から小さい数を引くこと、その結果が3本であること、単純に数えても、5つの情報を頭に蓄えて、同時に処理しなければならない。それは、子どもの脳では処理しきれないのではないかと思うだろう。その通りである。例えば、土屋さん、堀越さん、板垣さん、後藤さん、織田さん、と言われて、すぐに覚えられる人は、素晴らしいと思うが、これも5つの情報を蓄えなければならないので、負担が大きいのである。

子どもがすぐに言えたのは、2の「分ける」項目で述べた自動化による。自動化とは、車の運転のようなもので、始めはびくびくしながらハンドルを握っていても、慣れれば鼻歌を歌いながら運転できるようになるが、それは脳の中で自動化されたからである。そのためには、何度も練習しなければならない。

対応させること

車の運転でわかるように、始めは、ハンドル、ブレーキ、アクセル、ミラー、信号、制限速度、左側通行、追い越しなど、多くの知識が必要で、それらを総合して、とっさの判断もしながら、しかも音楽を聴きながら、助手席の人とも話しながら運転しているので、練習とは素晴らしい学習だとわかる。しかし、始めは1つ1つ丁寧に学習しなければならない。引き算も同じである。1つ1つ納得しながら、繰り返して学習する必要がある。

この場合は、ヒマワリの花とバラの花を対応させて、余ったヒマワリの花の数が答えだと認識させる必要がある。それが差という意味なので、その動作は大切である。ブロックでもいいし、具体物で操作させてもよいが、ここでは学習アプリで動作させた。それは、他の多くの問題を簡単に作れるからである。それが終わって、引き算の計算問題をさせるとよい。紙の上で数字を用いた計算は、車で言えば、路上運転のようなものである。

教材の作り方

この場合は、直接に学習アプリで作成するとよい。このアプリには、コピー機能があって、しかも簡単にできるので、そのほうが作りやすい。詳細は、第3章の操作編を参照していただきたいが、この教材では、多くの事例を作って子どもたちに練習させたい。

花の題材でもよいし、色の違いでもよいし、子どもたちの好きなキャラクターでもよい。インターネットにフリーのイラストがあるので、教材は自由に作れる。授業中では、子どもたちの進度に応じて、先に進めばよい。答え合わせは、学習アプリで自動的にできるが、教員が後で言ってもよい。

子どもたちは、動作を重ねるにしたがって、やがて対応付けることをしなくなるであろう。それが自動化である。目で見て、まとめるという方法に気づき、計算の仕方に気づくだろう。何度も練習すること、それは経験することと同じであり、自然に自動化されてできるようになる。言葉を話す時に、文法を意識しないことと同じである。

教材4-1　分数の意味

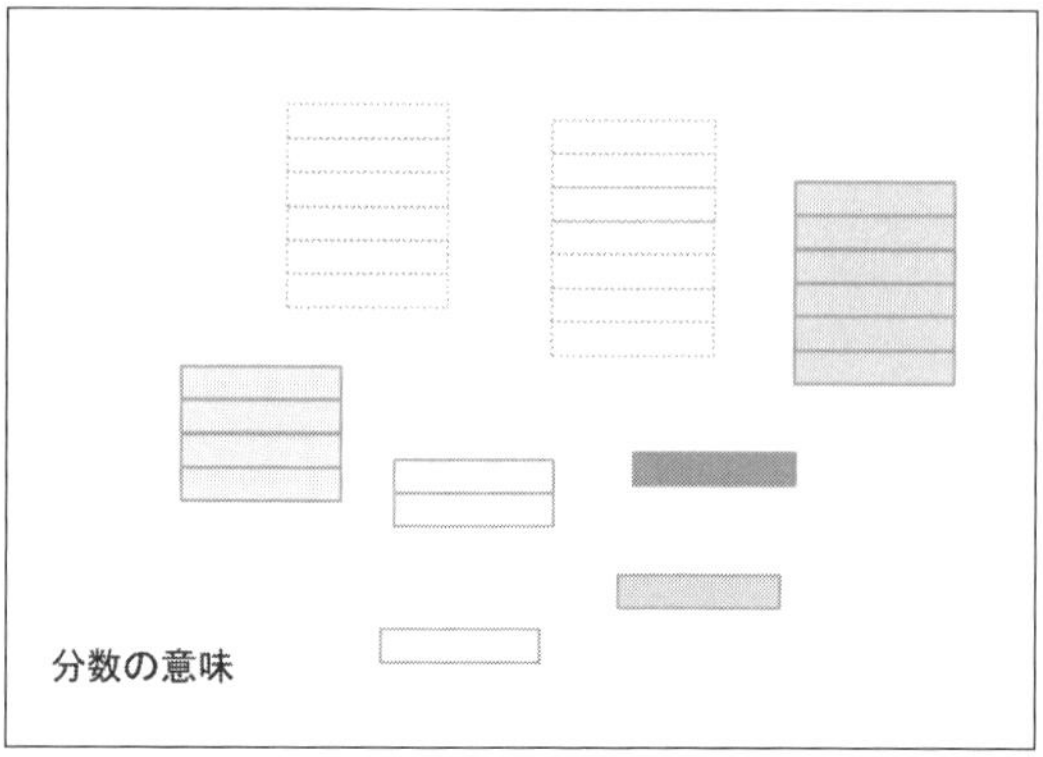

分数の意味を、ブロックに重ねることで、気付かせる。
（MetaMoji／白板ソフト）

教材4-2　分数の意味

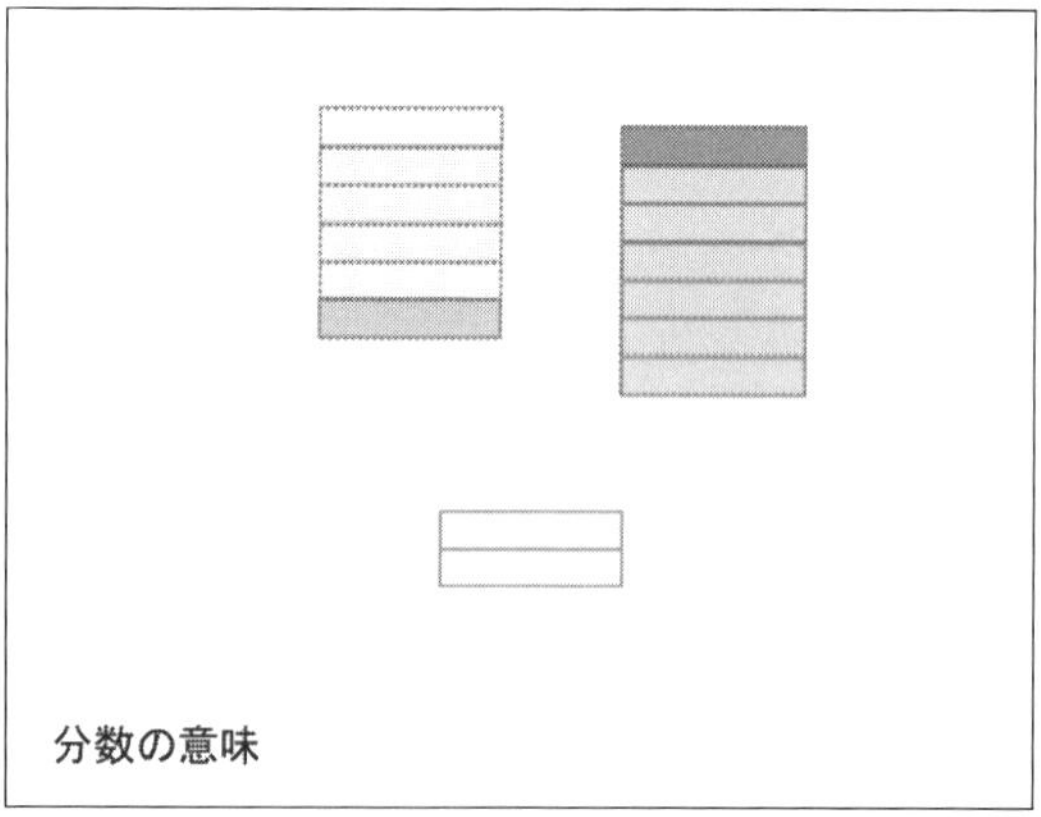

ブロックの重ね合わせによって、分数の基本的な考えを理解する。

分数の意味を知る

分数の単元は、子どもにとって難しい内容であることは、これまでの調査でも経験的にもよく知られている。中学生や高校生でも、数学が嫌いになった理由に、分数をあげる例も多い。何故だろうか。例えば、1／2＋1／3＝5／6は納得しがたいと言われる。それは無理もないことで、普通なら、分母と分子をそのまま足して、2／5と答えたいからである。学習心理学や教育工学の研究にバグ研究があった。バグとは、コンピュータのプログラミングの誤りを修正する意味からきているが、通称、虫取りと言われる。昔コンピュータが真空管でできていた時代、灯りを求めて虫が飛んできて誤動作を起こすので、その虫取りから名付けられたと言われるが、真説は定かではない。ともかく、誤りの多い単元であることは間違いないが、それをどのようにして、正解に導くかである。

視覚化する

1／2や1／3など、ケーキを分ける、リンゴを分けるなど、日常生活と結びつけて理解させる方法は、正攻法であることは間違いない。小学校の分数の足し算の研究授業で、ガラス瓶に赤色の水を入れて授業を行っていた光景を思い出す。実物は迫力があるが、各グループにガラス瓶を2個用意して、教卓にある赤色の水を1／3リットル分けてもらうが、それはかなり難しい。こぼれないだろうかと、気が気でない。子どもも教員も、水がこぼれないか、うまく1／3リットルとれるだろうか、操作が終わったら、無事に赤色の水を教卓まで持ってきて返せるだろうかと、算数の授業よりも、そのほうが気になった。

したがって、実物もいいが、もっと本質的なことに注目させる教材のほうが、効果的ではないだろうか。それは、可視化する、視覚化することであろう。写真は、視覚化する事例を、タブレット上で実現した。手書きで書いた分数を、どこの位置にあるのか、指で動かすのである。1／3や1／4など難しい分数もあるが、等分するという意味を理解しているかどうか、場合によっては、グループで議論させながら、活動させてもよい。

1より小さい数

そして1より小さい数が存在することを認識することも、重要であろう。さらに、1／3は小数では無限になるので表せないが、分数によって正確に表せることも、算数教育では重要であろう。先の写真では表示していないが、数直線上に置かせることによって、1より小さい数であること、分母と分子は何を表しているか、それはおよそどこに位置するかを、理解させたい。

そこから、分数の大小関係も、推測できることにつながる。

さらに、いろいろな発展的な活動に導くこともできる。1／2＋1／3や、2／2は何かなど、数直線上で、思考を深めることができる。

教材の作り方

本教材は、はじめにエクセルで写真のような箱を作成する。ちょうど跳び箱のようなイメージであるが、この段のあることがポイントで、内容の理解に結びつく。計量用のコップには、目盛りがついている。それで意識しないでも分数の考えが入っていると同じように、この段を示すことで、分数の意味を可視化している。

エクセルで作成したいくつかの種類の段を、そのままアプリにコピーする。ここがポイントで、カラーで色付けするが、半透明にすることとである。それによって、それぞれの段を重ね合わせた時に、その重なりの色が見えるので、2枚の段が重なったというイメージができる。半透明にしないと重なった色が見えない。そこで、この教材の価値が生じる。私が独自でこのアイデアを思いついたが、優れた教材ではないかと、自負している。

教材5-1 図形の学習

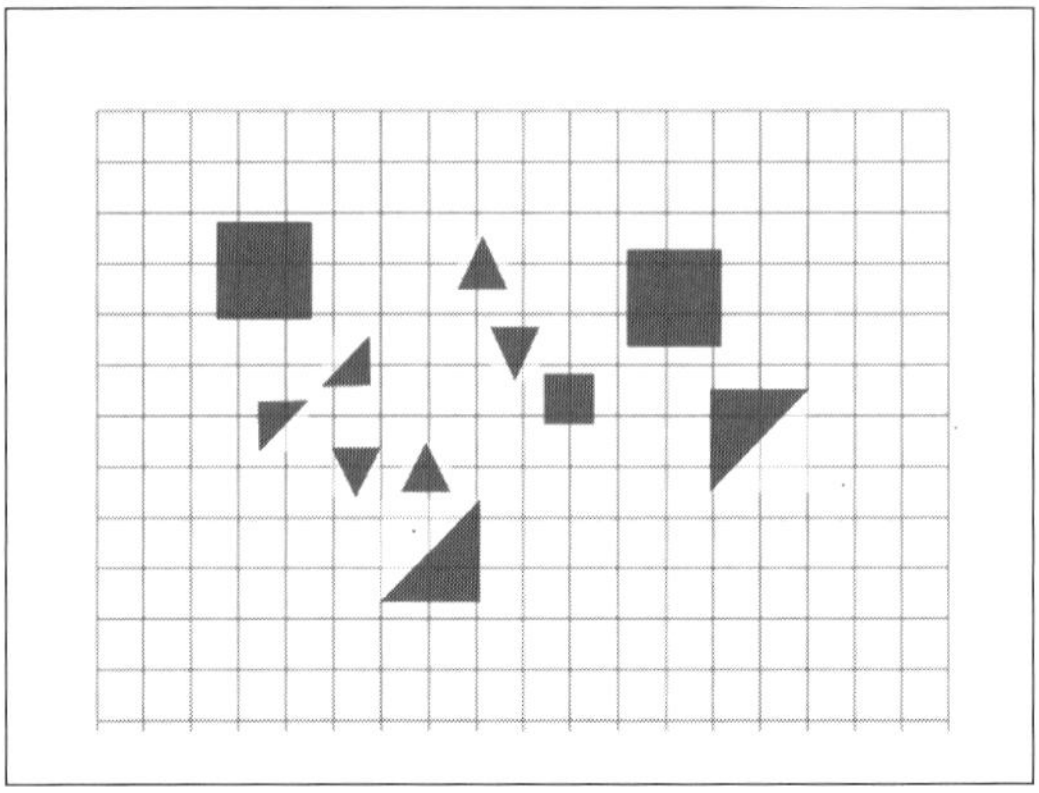

図形を方眼紙の上で動かすことで、その面積を知る。(MetaMoji／白板ソフト)

教材5-2 図形の学習

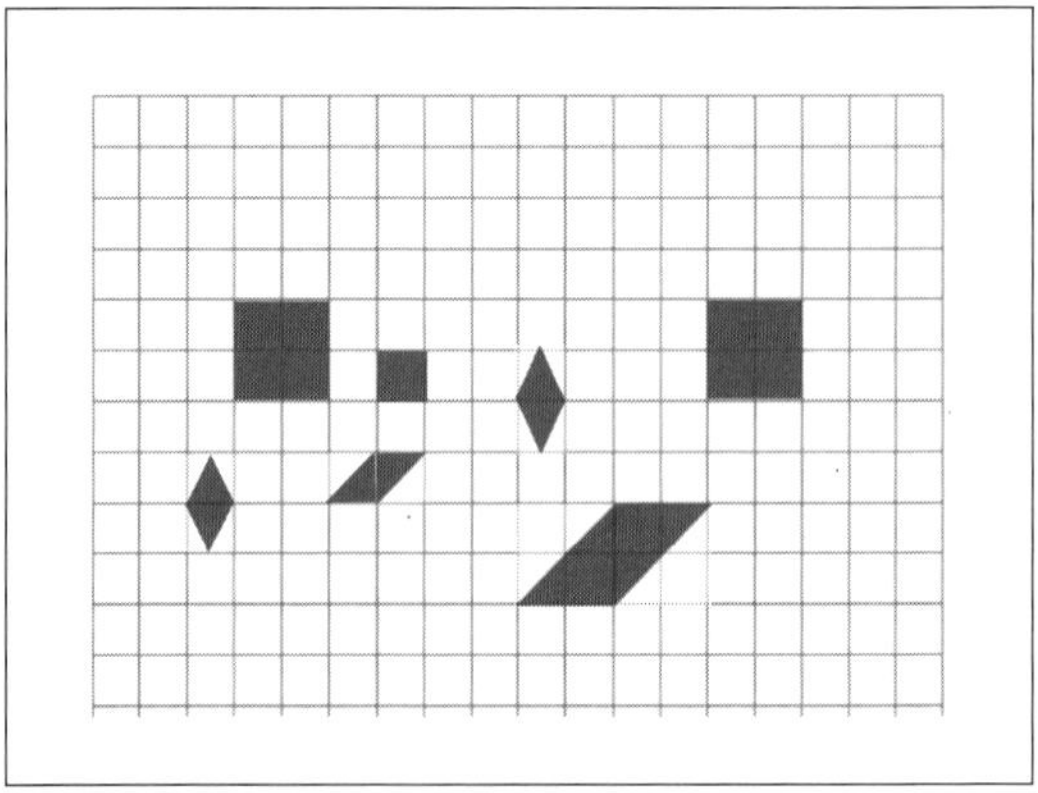

複数の図形を合わせることで、面積を求める。

図形の学習

平行四辺形の面積の求め方の学習では、切り取るという活動によって、等積変形の学習をさせることが定番であるが、ここでは、別の角度から考えてみよう。写真は、学習アプリを用いて作成した図形の学習教材で、私が作ってみた。もちろん、紙教材では、はさみで切って貼るという作業が定番であるが、切って貼ってという作業量が多いために、子どもたちはその作業に気を取られて図形の学習の本質に入りにくい。切るのには時間がかかること、うまく切れればいいが、それも難しいこともある。

この教材は、その逆である。方眼紙にいろいろな図形を置いて、組み合わせて自由に形を作ってみようと課題を投げかけてもよいし、平行四辺形を作ってみようと問いを出してもよい。子どもの自由な発想を大切にしたい。上記の図形は、簡単にコピーできるので、もっと多くの図形を用意してもよいが、平行四辺形、大きな正方形、ひし形などを作ってみようと問いかける。画面上で、指で動かせるので、操作はやりやすいであろう。

そこで、次に面積を求めてみようと、子どもたちに投げかける。この方眼紙は、1辺の長さが1cmとしてもよいし、1マスの正方形の何個分に相当するかと、問いかけてもよい。面積を求める段階で、子どもたちは、自然に三角形の面積、平行四辺形の面積、ひし形の面積など、1

マスの正方形の何個分に相当するかという活動を通して、気づいていく。この気づくという思考過程が大切であることは言うまでもない。

授業の進め方

黒板で、始めに平行四辺形の面積の求め方を学習した後で、この教材でいろいろな図形の面積を求めようと課題を設定して、活用してもよい。また、平行四辺形の面積を求める前に、子どもたちに自由に図形を作らせることも面白い。あるいは、大きさの異なる平行四辺形やひし形などを作ってみようと投げかけてもよい。その時は、正解を教員側で用意しておいて、うまく組みあわせると出来上がるようなゲーム的要素を入れてもよい。方眼紙のマスが、面積の求め方のポイントになる。紙の方眼紙の上で、切り抜いた図形で活動をさせることもできるが、動いたり、図形が多いときには、準備や作業に手間取ったりするので、タブレット教材のほうが、自由に指で操作できるので、実用的である。

ポイントは、面積の求め方にあるので、１マスの正方形の何個分かを、グループで相談させながら課題を提示してもよいが、個別に活動させてもよい。方眼紙のマスが重要で、直感的に子どもも理解しやすい。

教材の作り方

まず方眼紙は、フリーのpdfファイルがダウンロードできるので、それを利用すれば簡単である。それを、学習アプリに貼り付ける。ここがポイントであるが、この方眼紙のレイヤーを一番後ろにする。レイヤーとは、層のことで、画面上では、これらの図形は上の層にあり、方眼紙は後ろだということは、直感的に分かるであろう。そして、方眼紙は、固定するボタンで固定する。つまり、指で操作しても動かないようにする。

図形について、私はパワーポイントで作成した。この場合は、正方形と三角形である。三角形も2種類作成した。と言っても、きわめて簡単であることは、すぐに分かるであろう。これを、学習アプリにコピー＆ペーストした。ここで注意したいことがある。図形の透明度を50％程度に設定することである。それは、三角形の場合を考えるとわかりやすい。三角形といっても、図形自身は、四角形で表されているので、三角形以外の余白は、白色の下地になっている。したがって、そのままでは、図形を重ねたときに、重ねられない。そこで、半透明にしておくと、図形の重なりが見えるのである。

No.
06
小学校国語 1枚の写真から

教材6-1 写真からの学習

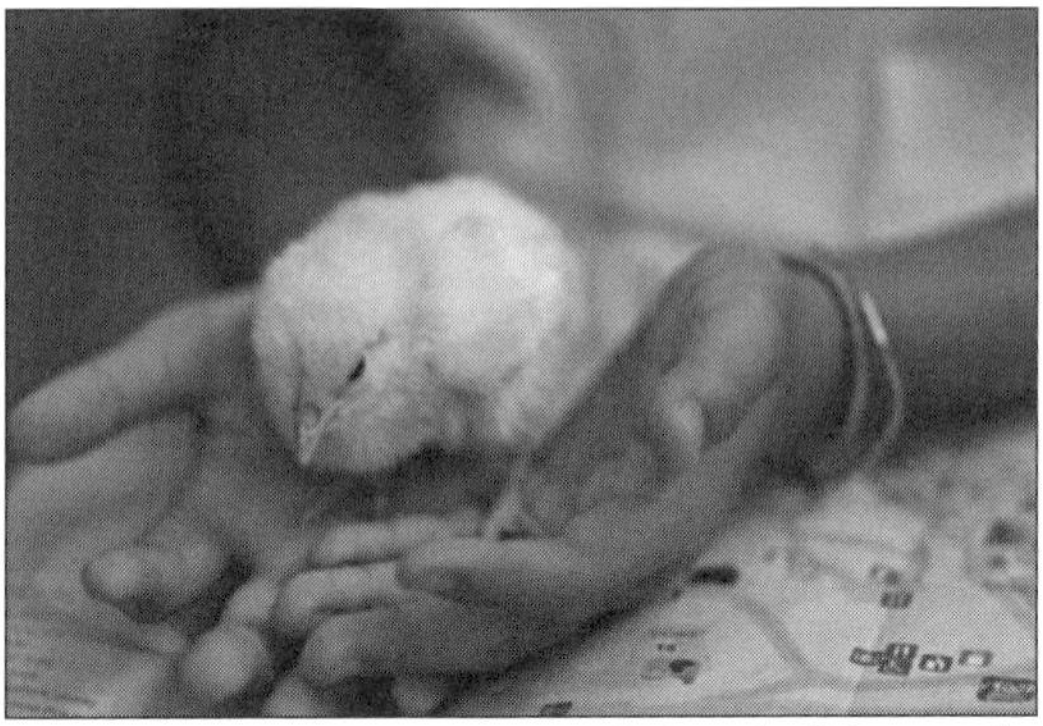

自由な発想で、感じたことを表現する。指で自由に写真を拡大させる。(アプリは必要ない)

教材6-2 写真からの学習

同じように、感じたことを話し合ったり、文章化する。拡大も自由にさせる。

読み取ること

1枚の写真から、何を読み取るかの課題で、議論させる単元である。1枚の写真であっても、いろいろなメッセージを持っている。戦場のカメラマンが写す1枚の写真に、多くの人々の共感を呼ぶことは、誰も知っている。戦争の無残さ、罪のない子どもたちへの愛おしさ、現代社会で何故戦争が起きるのかという世界の不可思議さ、家族の悲しみ、家を失ったこれからの生活など、思えばいろいろなことが頭に浮かんでくる。

言われてみれば、人は1枚の写真から多くのメッセージを受け止めている。カメラマンというプロは、それらのメッセージを1枚の中に凝縮して、人々の心を揺さぶるのであろう。多くの文字で書くよりも、さらに多くのことを、また言葉で表現できないメッセージを送っている。この単元では、そのような内容について、子どもたちに議論させたい。

写真の選び方

どんな写真でも、メッセージはある。それは写真を撮った人の伝えたいことと、受け取る人の受け取り方によって、異なるであろう。すべての情報の意味は、送り手と受け手によって、作り出されると言ってもよい。ただし国語の単元であれば、ねらいがあるので、ある程度の視点を決めておく必要がある。例えば、この写真では、生き物としてのヒヨコ、人との関わりとヒヨコ、生活としてのヒヨコなど、いくつかの視点があるだろう。卵からヒヨコ、ヒヨコから鶏となり、卵や鶏は食料になることを思えば、人は、このような動物の命をもらって生きていることに気づくであろう。

佐賀県の高校性が、卵から鶏までを飼育して、最後に鶏肉を食べるまでを、パワーポイントで発表したが、そのタイトルは、「いただきます」であった。文字通り、動物の命をいただいて人は生きていることを振りかえさせる発表であり、参加者の共感を呼んだ。

しかしどんな写真でもよい。そこに隠されているメッセージを読み取り、子どもたちが話し合うことで、他の人の考えを知ることにつながる。そして、心を打つような感想を聞けば、素晴らしい感性をもっていると評価することにつながる。

さらに、子どもたち自身が撮った写真を持ってこさせて、発表しあう活動も面白い。写真に込められた思いを述べ合うことも、優れた実践になるだろう。

タブレット教材の活用

この教材の作り方は、きわめて簡単で、インターネットで調べてフリーの写真を入手しても良いし、教員自身や子どもたちが撮った写真でもよい。写真を見て、誰がどのような感じ方をするのか、どのような考えを持つのか、どんなメッセージを読み取るのか、それらは人それぞれであることも重要な視点であり、どんな感じ方や考えやメッセージが、他人に説得力をもたらすのか、伝わりやすいのかなど、考えさせるとよい。特別なアプリは要らない。同じ写真であっても、表面的な情報だけに注目している場合もあるが、もっと深い内容まで考察している場合もある。それらを共有することで、自分を振り返ることができる。

教員が、写真をプロジェクターで投影して話し合わせる活動もいいが、ここではタブレット教材で、グループ活動をさせたい。スクリーンに投影された写真を見ることと、手元のタブレット教材としての写真を見ることは、異なる。スクリーンを見ることは、当然ながら見るだけで触れることができない。タブレット教材は、直接に触れることができることが大きな特徴である。人は、何か重要だと思えば、雑談であっても手が動く。参考書を読んでいても、ここは大切だと脳が反応すれば下線を引く。そして、もっと見てみたいと思えば、顔を近づけるか、写真を拡大する。その動作を許すデバイスが、タブレットなのである。だから、手元にあって触れるタブレット教材は、学習効果が大きい。

教材7-1 文章のつながりの学習

誰でも自分を意識することは難しい。自分が何をしているか、何をすべきかを判断することは、大人であっても容易ではない。

①司会者も、説明の途中で中断するのは失礼という気持ちが働いて黙っているので、時間が大幅に遅れるということになる。

②自分が何をしていて、今何をすべきかを身に付けるには、きちんとしたトレーニングが必要である。

③私が司会役で、1人10分で報告をして下さいというと、ある人は、本題以外の前段の話が5分もかかって、10分で内容を説明して、さらに5分で追加と言い訳をしたので、合計20分もかかってしまった。

④これは私達には、自分を見る目というトレーニングが少ないからではないだろうか。

⑤ある会議のことである。

子どもの文章から選んでもよい。文と文のつながりに注目させる。
（Mteta Moji／白板ソフト）

教材7-2 文章のつながりの学習

誰でも自分を意識することは難しい。自分が何をしているか、何をすべきかを判断することは、大人であっても容易ではない。

⑤ある会議のことである。

③私が司会役で、1人10分で報告をして下さいというと、ある人は、本題以外の前段の話が5分もかかって、10分で内容を説明して、さらに5分で追加と言い訳をしたので、合計20分もかかってしまった。

①司会者も、説明の途中で中断するのは失礼という気持ちが働いて黙っているので、時間が大幅に遅れるということになる。

④これは私達には、自分を見る目というトレーニングが少ないからではないだろうか。

②自分が何をしていて、今何をすべきかを身に付けるには、きちんとしたトレーニングが必要である。

並び終えた文章で、子どもたちに、その理由を言わせる。

文章の並び

国語では、当然ながら文章の構成について学習する。起承転結などは、その典型であるが、文には、文法があるように、文章にも、文章法がある。それは、相手に伝わりやすい構成法と言ってもよいが、皆が認める規則だと考えてよい。

そこで、文章を構成している文の並びの違う2種類を用意して、比較する。それらを比較して、どのような印象があるかを話し合うことで、文章構成法を学ぶ。しかし、文章の作り方は、小学校だけでなく大人になっても必要な能力で、永く時間のかかる活動と言ってよい。良い文章を書くためには、多くの文章を読む必要があり、それらが自然に頭に定着して、自分なりの文章が書けることは、誰でも経験しているであろう。

始めに、2種類の文章を比較させ、次に子どもの書いた文章でも、教員自身が書いた文章でもよいし、誰かの文章でもよいが、文の並びを変えた文章を提示して、どの並びがいいかを考えさせたい。

この事例では、著作権の関係上、私の文章を題材にした。文ごとに番号をつけ、自由に画面上で動かせるように教材を作った。文と文の間には、表面的ではない内容としてのつながりがある。それは、全体を構成している趣旨や論旨と言ってもよい、論理性である。その論理性に気づかせるには、自由に並び替えるという活動が必要で、見ているだけでは難しいことは、言うまでもない。

したがって、文をマグネットで黒板に貼ることで、文の並びを自由に変えて、その論理性を考えさせる一斉指導も、優れている。また、グループ活動や個別学習では、このタブレット教材が優れている。短冊の文を配布してもよいが、保管も時間もかかる。手軽に活動するには、タブレット教材のほうが良い。

タブレット教材の作成

タブレット教材として作成するには、まず文章を句点「。」で終わる文に分け、それぞれの文の先頭に番号を付ける。番号の付け方は、でたらめとする。そして、あいまいな文がある場合は、本事例の場合は、これを削除した。

注意すべきことは、句点「。」で終わる文ごとに、学習アプリにコピー&ペーストすることである。この操作によって、学習アプリが、それぞれの文を独立したオブジェクト（対象）と認識するので、自由に動かすことができる。文章全体をコピー&ペーストして、学習アプリで分割する方法は、操作が複雑になるので、推奨できない。このようにして、複数の文を番号順に並べて、課題とすればよい。

教材の活用の仕方

結論が先に書かれている文章と、時間軸にしたがって書かれている文章の2種類を比較させ、その違いについて、どのような特徴があるかを、話し合わせる。その次に、このような教材を取り上げて、グループで話し合わせる。または、タブレットをプロジェクターにつないで、スクリーンに映して、一斉授業で話し合わせてもよい。ただしこの事例教材は適切ではない。著作権の関係上、筆者の文章を取り上げたので、小学校のレベルに合った適切な教材を選択してほしい。

この教材で大切な活動は、実際に文を並べてみて、どのような特徴があるかを実感することである。並べるという動作が重要で、そのことで全体を見通すことができる。文章は、個々の文のつながりと共に、全体がどのように構成されているかが、さらに重要である。これは、文章だけでなく、発表する資料の並べ方も、資料なしで話す場合も、面接における答え方も、基本は同じだからである。

教材8-1 季節の風情の学習

秋の風情のある写真をネットで調べて、見せて話し合わせる。（アプリは、必要ない）

教材8-2 季節の風情の学習

できるだけ多くの写真を提示して、子どもたちに体験を言わせる。

季節の風情

日本は、春夏秋冬の四季に恵まれた国なので、四季折々の風情を楽しむことができる。これは日本人の気質や価値観や文化を形成する上で、きわめて重要な要素であることは、言うまでもない。中近東のアブダビ日本人学校に赴任した教員は、来る日も来る日も、真っ青な空と海と、砂と建物ばかりで、滅入ってしまうと言っていた。それは一言で言えば、「人工の世界」であった。海も真っ青で、煉瓦色の家は黄色と白の壁でできたようなイメージで、砂は黄色で、空には白い雲が見えない。かろうじて人工的な水で育った植物が、自然らしい気持ちにさせる。その教員は、「小川のせせらぎとか、夏の木陰とか、まるで宝物のような世界で、日本は素晴らしい国です。この国に来て、日本の自然の素晴らしさや、ほっと心が和む柔らかさに、気づきました。山の中で小川のせせらぎを聞きながら、釣り糸をたれている光景は、今思えば天国で暮らしているようなものです」と言った。

私は実際にアブダビに行って、その教員と話したので、その気持ちがよくわかる。しかし経験のない人には、実感がわかないであろう。清少納言の枕草紙の季節の風情を、小学生が感じるには、言葉だけでなく、イメージを持たせる必要がある。経験の少ない小学生には、写真などが効果的である。それはカラーでないとイメージは起きない。この世の中は、昼間は白黒ではなくカラーだから、カラー写真で想像しやすくなる。当たり前のようだが、私が、紙とタブレットの研究をしていた時に得た知見である。

さらに、1枚ではなく、多くの写真が必要である。大人は、季節の風情を、永い年月をかけて心の中に蓄積してきたので、子どもがそのイメージを共有するには、多くの写真が必要であろう。枕草紙に出てくる季節の風情は、大人でなければ共感にくい場面もあるが、少しでも近づくには、言葉の説明以上に、多くの写真を見ながら、子どもたちなりに経験している光景と結びつける必要がある。

写真の活用の仕方

教科書だけや、紙教材だけでは、イメージがわきにくい。紙の印刷技術も優れているが、デジタル技術の進歩は、さらに飛躍している。教科書の限られた写真だけよりも、この単元では、多くのカラー写真を、子どもたちに見せたい。このような写真を見せると、子どもたちは、家族で旅行した時に見た、庭で見た、友達と遊んでいた時に見たなどと、自分たちの経験と結びつけて、話し合うだろう。その経験と結びつけることが、重要である。

それが、自分の内に取り込むことになる。そこで、自分の言葉で表現できるようになる。紙では枚数が限られていて、子どもたちの経験にない光景しか掲載されていない場合では、学習にならない。カラー豊かに多くの写真を見せることで、その時の情景に自分を重ねることができる。重ねることで、その光景を読んだ清少納言の気持ちに共鳴することができる。

古典の作品を読むことで、昔も今も、人の感じる心は変わらないことに気づくであろう。これらの写真は、インターネットからでも教員私用のものでもよい。私用の写真なら、その時の様子を話すこともできる。この単元では、スクリーンに大きく映して、一斉授業で話し合う活動が効果的であろう。

写真の取り込み方

この内容は、タブレット端末でなくても、また特別なアプリを使わなくても、作成できる。季節に関係した写真を用意しておくとよい。夏の入道雲、打ち水、かき氷、夏の甲子園など、思い出すだけもいろいろな風情がある。それと秋のススキ、イワシ雲、夕方の光景などを、写真と共に映しだすことで、その違いを明確にイメージすることができる。イメージできれば、文章でどのように表現しているかを対応させて学ぶことができる。

No. 09 小学校国語 俳句

教材9-1 俳句を鑑賞する学習

子どもたちの写した身近な写真を見せて、俳句を作らせてもよい。（アプリは必要ない）

教材9-2 俳句を鑑賞する学習

古池や 蛙飛び込む 水の音

夏草や 兵どもが 夢のあと

五月雨を あつめて早し 最上川

秋深き 隣は何を する人ぞ

旅に病で 夢は枯野を かけ廻る

教員が説明する資料を提示する。紙のワークシートにしてもよい。

俳句を味わう

松尾芭蕉の俳句を鑑賞する授業を取り上げる。芭蕉のような巨匠に近づくことはできないが、その俳句の世界に浸る、味わう、雰囲気をつかむには、どうしたらいいであろうか。もちろん、時代も社会も異なり、芭蕉の置かれていた状況も、子どもたちは知らないので、難しいことは当たり前である。

したがって、その背景や状況についての解説がないと、実感が湧かない。芭蕉が、山形県の山寺に行って、「閑かさや　岩にしみいる　蝉の声」と呼んだ句は、あまりにも有名であるが、その背景についても少し子どもたちに説明しておく必要があろう。

いろいろな俗説もあるので、確かな内容にしぼって説明しておく必要があるが、ほとんどの子どもが行ったことのない、山寺（立石寺）とは、どのような寺なのか、季節は夏だろうとわかるが、昼なのか朝なのか夕方なのか、何故、山寺に行ったのか、どこから行ったのか、歩いたのか籠に乗ったのか、そして、山寺のどこで句を詠んだのか、また句の推敲はしたのか、何故この句が有名になったのか、など素朴な疑問が起きるだろう。

すべてわからなくてよいが、ここでは芭蕉の世界を味わうことを目的とするならば、想像力を働かせて、子どもたちに発言させてもよい。そのような発言によって、子どもたちは自分たちの経験を思い出すだろう。山寺は行ったことはなくても、夏休みの家族旅行で、観光地のお寺に行ったことを思い出すかもしれない、夏に友達と遊んだ近所のお寺の境内に誰もいなくて静かだったこと、蝉がジージーと鳴く声を聴くと、それだけで汗がにじみ出るような気持ちがしたことなどを思い出し、それをこの俳句に重ねるだろう。その重ねることが大切で、芭蕉の句を作ることは誰もできないが、その世界と自分の経験を重ねて、どのような気持ちで芭蕉はこの句を詠んだのだろうかと、味わうことができよう。

イメージすること

子どもたちの体験と芭蕉の山寺が似ているかどうかは、わからない。だから、写真を見せる必要がある。夏の入道雲が空に広がっていると、夏の暑い日を思い出す。深い緑と大きな岩を見ると、昔はもっと草深く、今は観光地だが、訪れる人の少ない境内に立ち止って、蝉が鳴いていると、その声がまるで岩の間に沁みこんでいくような感じがするかもしれない。できれば複数の写真を見せたい。そして、大きな岩に興味をもったら、拡大して見せたい。このように、写真や動画があると、イメージしやすくなる。イメージがないところに、情感は生まれないからである。

教材の作成と指導

教材は、もし教員が山寺に行ったことがあれば、その写真は効果的である。なによりも、自分の体験を生き生きと話すことができるから、その情感が子どもたちに伝わる。もし自分の経験がないときには、インターネットからの写真を、授業で利用する範囲であれば著作権の問題はないので、利用できる。あるいは、教科書会社などで提供する写真を用いてもよい。

ただ、紙にコピーして子どもたちに配布しても、あまり効果はない。教室のスクリーンか子どもたちの机上のタブレット端末で見せたい。紙とデジタルでは、その写真の精度がはるかに異なるからである。この単元は、文字では表現できない。イメージである。芭蕉が経験した状況に近い場面を見せて、共有することがイメージ化につながる。したがって、一斉授業で、スクリーンに投影して見せても、個別やグループで、タブレットで見せてもよいが、カラーで雰囲気のある写真を、複数枚見せたい。できれば、動画で蝉が鳴いている光景であれば、なお素晴らしい。

特別なアプリは要らない。教材の作成はきわめて単純で、解説する必要はないだろう。

教材10-1　町探検や学校探検

タブレットを持って、自由に記録する。茨城県つくば市立春日学園小学校。
（アプリは、必要ない）

教材10-2　町探検や学校探検

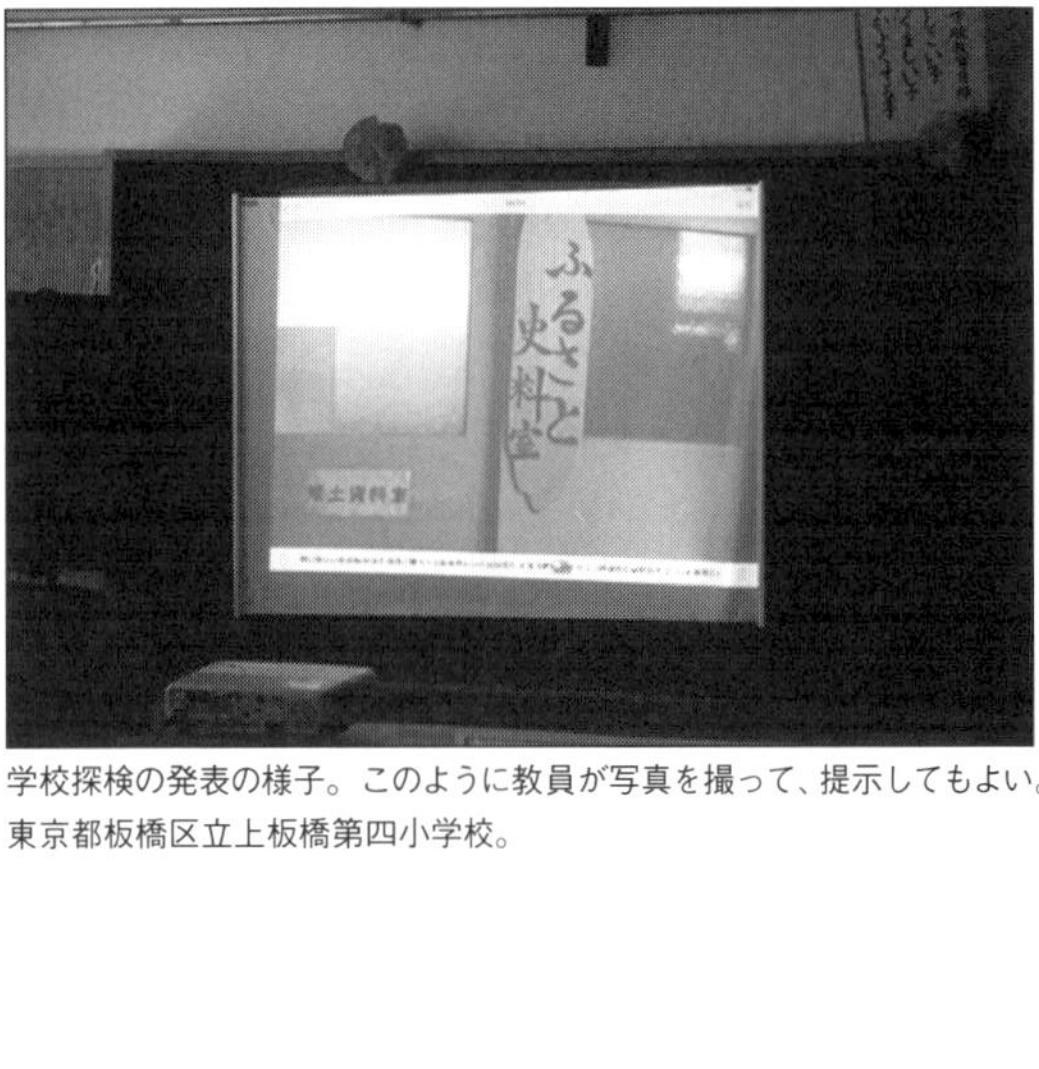

学校探検の発表の様子。このように教員が写真を撮って、提示してもよい。
東京都板橋区立上板橋第四小学校。

写真の効果

小学校低学年の生活科では、町探検や学校探検がある。まだ学校生活に慣れていない子どもたちには、学校そのものが未知な世界であろう。学校探検をするのだが、ここでタブレット端末が活躍する。気に入った教室や、気になった場所や町や植物などを、写真に撮る活動が始まる。これが重要である。かつては、デジタルカメラが大活躍した。子どもたちは、デジカメで、気に入った子どもの表情も、虫がいたらその様子を、知っている植物も知らない小動物も、なんでもデジカメで写真を撮った。その前は、どうしていたのだろうか。記録に残さなかったのか、スケッチをしたのか、メモしたのか、このような活動がなかったのか、わからないが、デジタル技術によって記録するという活動が生まれた。

アナログのカメラでは、現像して紙の写真を得るまでに何日もかかってしまい、授業にならないことは言うまでもない。問題は、記録することの教育的な意義である。例えば、生物の授業では、顕微鏡で細胞の形や小さな生き物を、見ながらスケッチさせる活動がある。それは、細胞の形や生き物の形を細部までよく観察して知るために、手で作業することに意味がある。このような細部まで観察すること自身に目的がある場合は、手によるスケッチの活動が素晴らしい。

学校探検や町探検では、細部を観察して形を知ることよりも、そのもの自身に興味をもつことであろう。大人であっても、例えば気に入った風景などがあれば、アッと声を出して、手元にスマホがあれば写真を撮るだろう、デジカメがあればデジカメを使うだろう。その瞬間が大切なのである。プロの写真家のように、長時間をかけて1枚の写真を撮るわけではない。気に入ったその瞬間、気になったその場面を記録することが、重要である。その意味については、また述べるとして、町探検や学校探検では、定番のようにタブレット端末が用いられる。それは、簡便で効果的な使い方だからである。

授業における活動

もちろん、子どもたちの活動が中心で、グループを作って、町探検でも学校探検でも、時間をかけて実施したい。子どもは、いろいろなことに興味を持つ。学校でも町でも知らないことがいっぱいあるだろう。大人も、初めていく観光地は、わくわくする。まして初めての海外なら、すべてが新鮮で目が輝く経験をしただろう。それは感動と言ってもよい。初めてドイツに行って、レストランの菩提樹の下で飲んだビールの味が忘れられないし、その光景はありありと目に浮かぶ。その写真を見ると、その場面だけでなく、その時の躍動感を思い出す。まるで子どものようにと書けば、文字通り、子どもの目に映る光景は、そのようなものではないのか。それを大切に記録する道具が、タブレット端末であった。

活動では、グループで行うことが原則である。子どもの目によって、いろいろな見方があることも、大切にしたい。そして、その興味をもったことを、自分の言葉で発表させたい。読者の皆さんも経験したように、自分が経験したこと、写真に撮ったことは、雄弁に話せる。大いに、発表させたい。

操作の仕方

教材を作るわけではないので、特に述べることもないだろう。デジカメで撮る場合は、デジカメから写真をパソコンに取り込み、整理するという作業が発生するので、時間が厳しい。タブレット端末であれば、その時間は削減される。これもきわめて優れている。さらに、写真の撮り方は、ボタンを押すだけという簡単なことなので、子どもたちで十分できる。外に出るときには、バッテリーも注意しておきたい。充電が切れた場合は利用できず、当然ながら授業が中断されるので、予備バッテリーを持っていきたい。

No. 11

小学校社会科　地図

教材11-1　白地図の学習

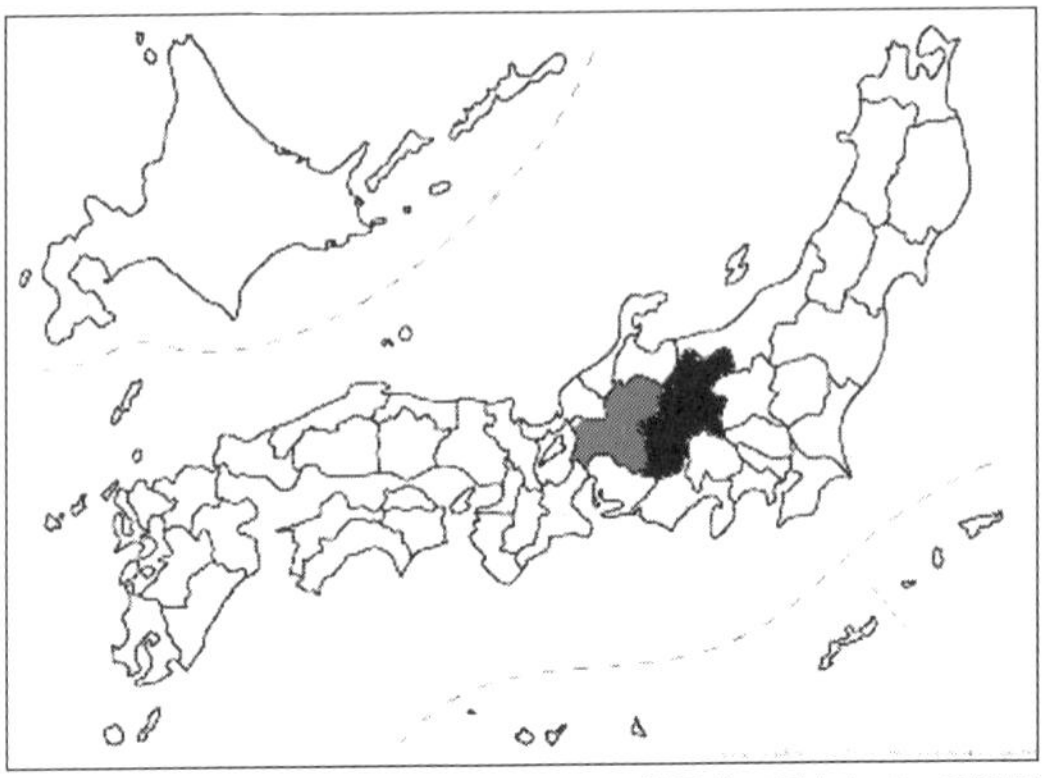

白地図に色を塗る。色を指定するだけで、境界線で囲まれている範囲の塗りつぶしができる。(MetaMoji／白板ソフト)

教材11-2　白地図の学習

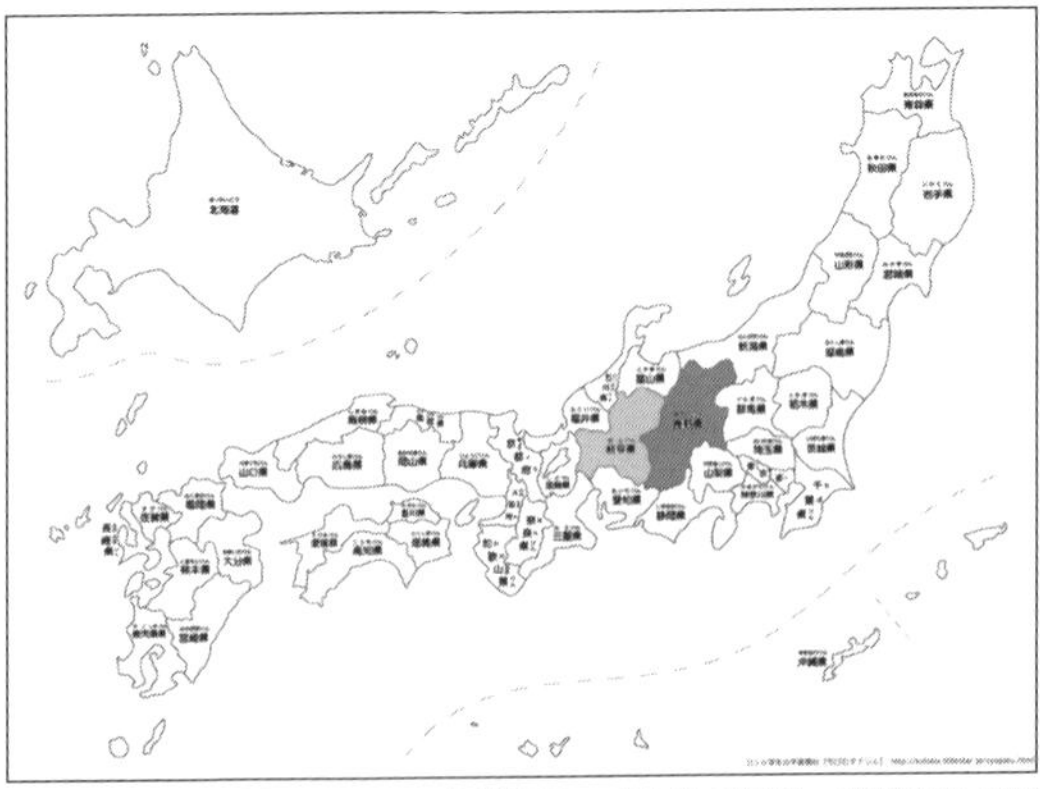

都道府県名が印刷されている白地図は、きわめて便利。都道府県名が記載されていない地図で、記憶テストをすることができる。

［**資料引用**］ http://happylilac.net/sy-sirotizu.html

ちびむすドリル ＞ 小学生用　日本地図 プリント・テスト ＞

●白地図（日本地図）・都道府県名なし　A4 サイズ

●白地図（日本地図）・都道府県名入り　A4 サイズ

ドリルの学習

都道府県の名前を覚えること、その位置や形状を覚えることは、ドリル学習と言ってよい。ドリルとは練習のことである。ひたすら練習することで、何かを習得できることは、これまでの経験でよく知っている。スポーツなどは、その典型で、技能習得のコツのようなものは確かにあるが、まずは練習である。ゴルフの練習でも、プロのコーチもいるが、コーチについてすぐにコツを覚えて、明日からうまくなったなどの話は、誇張して言われることはあっても、内心では誰でも練習するしかないと思っているだろう。

スポーツに限らず、何かを理屈抜きで覚えるためには、ドリルであり、練習するしかない。掛け算の九九も、ひらすら繰り返して覚えた。漢字も何度も漢字ドリル帳に書いて、覚えた。工具のドリルも、イメージとしては、穴をあけるために、ただひたすら回転を繰り返すので、練習とか繰り返すということに通じている。

都道府県の位置や形状なども、大人であっても間違う場合がある。テレビのクイズ番組で、この問題がよく出題されて、頭をひねる場合がある。昔、白地図で色塗りをよくやった思い出がある。この白地図の色塗りは、本当に効果があるのだろうか。

白地図の色塗り

白地図に色を塗る経験は、誰にもあったと思うが、自分を振り返っても、ドリルではあったが、楽しかった思い出がある。漢字の練習は、30文字書きなさいと言われて、宿題だからしぶしぶやった経験はあるが、あまり楽しくはなかった。へんだけを書き、次につくりを書いて30文字書いたので、効果はなかっただろう。しかし白地図に色を塗ることは、お絵かきを連想させるせいか、遊び的な要素もあって、楽しかったのではないだろうか。

しかし白地図の色塗りは、色を塗ること自身が目的ではなく、その活動を通して、都道府県の位置や形状を覚えることであることは、言うまでもない。色塗りばかりに時間を取られるのも、どこか目的にそぐわないような気もする。それならば、学習アプリを使って、白地図の色塗りをしたらどうだろうかという発想もある。

写真は、日本の都道府県名が入った白地図と、入っていない白地図の両方を用いた。白地図の入手は、フリーのものがよいが、多くはpdfファイルで入手できるので、それを学習アプリにコピー&ペーストする。この学習アプリは、そこが優れている機能で、色を指定して塗りつぶしのボタンを選ぶと、タッチペンの位置が線で囲まれていると、その線を認識して、その範囲内を塗りつぶす。そうすると、その都道府県が区別された色塗りができる。

先に色塗りが楽しいと書いたが、その感覚は、この学習アプリを使った場合でも同じである。塗りあがることは、何かを仕上げることに通じて、作品を完成させるので、面白い活動になる。都道府県名の入った白地図では、塗りつぶした後でもそのまま名前が残っているので、どこの都道府県かがわかる。

活動のさせ方

実際の活動は、どうさせたらいいだろうか。やはり色鉛筆で丁寧に白地図に塗らせることは、重要であろう。できれば、宿題などで、その体験もさせたい。丁寧に塗り上げたという経験と作品を仕上げることに、喜びがあるからである。

できれば、授業中では、この学習アプリを用いた色塗りもさせたい。一度色鉛筆で色塗りをしたら、すぐに都道府県の位置と形状と覚えているわけでもないだろう。そこで、もう一度、学習アプリを使って、練習させたい。その活動を通して、色を塗るという活動と、都道府県の位置と形状が、頭の中で関連付けされやすいからである。そして、都道府県名の入っていない白地図で、覚えているかどうかチェックさせる活動も、また楽しい。

教材12-1 食料自給率の学習

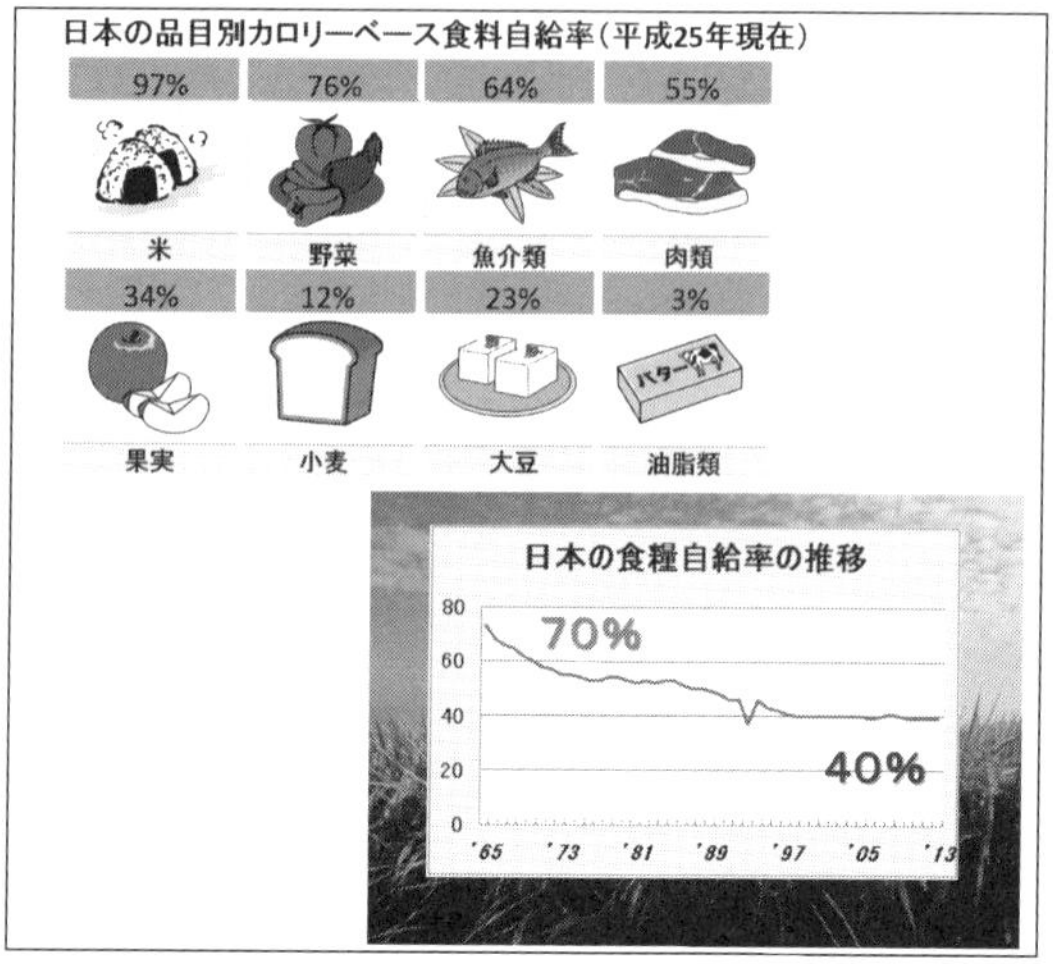

ネットで調べた資料を、タブレットにインストールする。資料を見て、話し合いをさせる。（ロイロノート）

［資料引用］ 農林水産省ホームページ（http://www.maff.go.jp/index.html）

教材12-2 食料自給率の学習

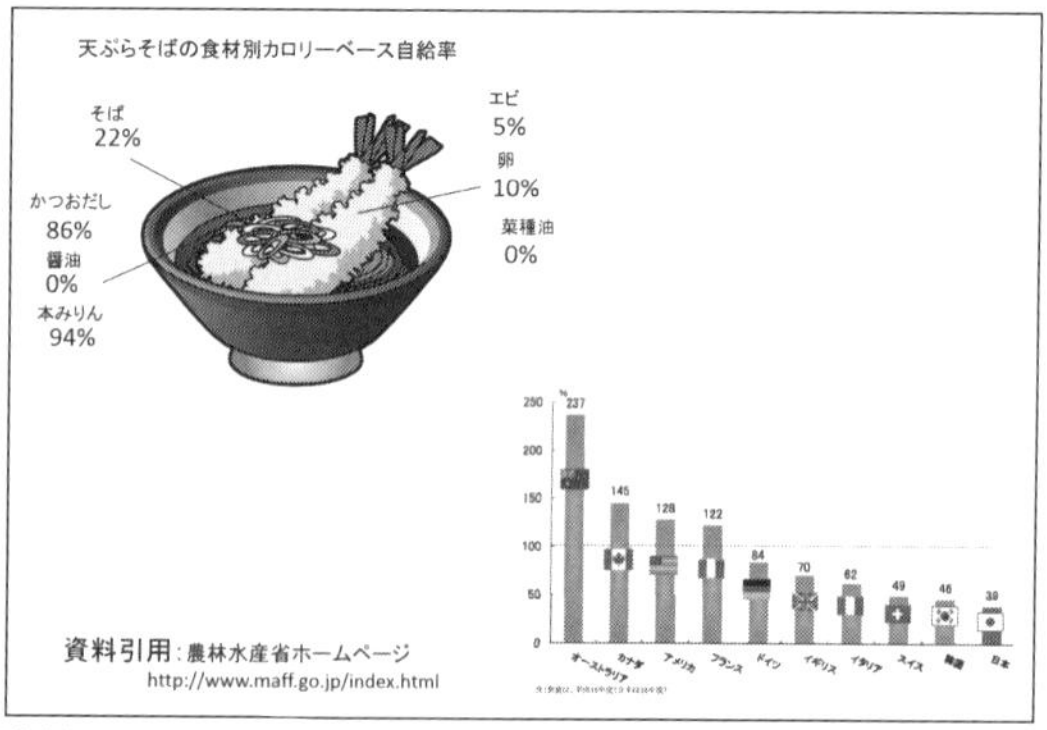

資料は、なるべく多いほうが、グループの話し合いが活性化する。話し合った結果を、教員に送る。

［資料引用］ 農林水産省ホームページ（http://www.maff.go.jp/index.html）

資料の提示

社会科では、資料が重要な役割を果たすことは言うまでもないが、教科書に掲載されている資料や社会科資料集などが主なリソースである。そこには、著作権をクリアした資料で、教育的配慮の元で選択された資料が、掲載されている。これは、教科書という立場で考えれば、妥当な教材であろう。ただ、視点を変えれば、別の資料の提示の仕方がある。

その視点は、探究する視点である。選ばれた資料は、教育的観点から、これがふさわしい資料だとして、大人や専門家の目というフィルターを通している。子どもの目を通しているわけではないので、料理をする時に、すでに食材が準備されていると言ってもよい。探究とは、その食材探しから始まるので、この日本の食料自給率という単元では、図書館や資料集やインターネットなどで調べることになる。ただし、これでは、調べることに時期がかかり過ぎるので、教員や教科書会社で用意する必要がある。これが、紙の教科書や紙の資料集では、ページに限度があるので、どうしても資料を選ぶ必要がある。その選び方は、端的には、その単元に最も適した内容を示した資料、典型的な資料を準備することになる。

デジタル資料集では、そこが飛躍的に拡大できる。試みに、日本の食料の自給率のキーワードでインターネット検索すれば、膨大な関連資料が出てくるであろう。デジタル資料集であれば、その膨大な資料集から、子どもの目を通して、選んでもよい。紙とデジタルの違いの1つは、この資料の量と質にあるだろう。量は、圧倒的にデジタル資料のほうが、紙資料に勝る。質は、デジタル資料のほうが、写真や動画も含むので多様であるが、質そのものの価値も多様なので、すべてが教育的に優れているとは言えない。したがって、先に述べたように、探究するという視点では、多様な情報源から、目的とする資料を選び、協同で追及して結論を得るという方法が、適している。

デジタル資料集

単元ごとのデジタル資料集を、教員がすべて準備するのは時間的な余裕がない。市販されているデジタル資料集があれば、これを利用することが実用的である。もし、教室が無線ＬＡＮ環境になっていれば、グループ毎に、デジタル資料を分けて、調べさせることも良い。グループでは、その資料からどんなことが言えるか話し合い、グループ活動が終わって、発表しあうことも良い。発表するのは時間がかかるので、次週に実施してもよいが、この方法では、各グループで、学習した資料が異なるので、発表を聞く他のグループも、興味をもたせることができる。同時に、多様な学習ができる。

紙の資料集では、限られた資料を取り上げて、クラス全員で話し合うスタイルなので、これまでの一斉授業の域を出ないと同時に、導く目標が決められていて、子どもたちの意外な発想や考え方を共有することに、弱い面があった。デジタル資料集では、それが広がる。決められたレールだけを走っていないので、つまりいろいろなルートで目的地に向かうので、面白い発想が生まれる。写真では、いろいろな食品による自給率の違い、国ごとの自給率の比較、てんぷらそばに見られる食材の自給率など、意外なデータに驚くであろう。この資料以外にも興味深い多くの資料にアクセスすることで、学習が広がり深くなる。

教材の作成

教材をグループ毎に分ける、あるいは個別に資料を送る、グループの意見を集約するなどでは、無線LAN環境が役立つ。無線なので、グループに配布したタブレットと教員のタブレットは結ばれており、情報をやり取りできる。動画などでは情報量が大きすぎて、時間がかかるかもそれないが、写真レベルでは問題ないであろう。

教材13-1 情報システムの学習

必要な資料を、タブレットにインストールする。グループで話し合う。話し合った結果を、教員に送る。（ロイロノート）
［**資料引用**］ 画面のキャプチャ画像は東芝テック株式会社の提供。

教材13-2 情報システムの学習

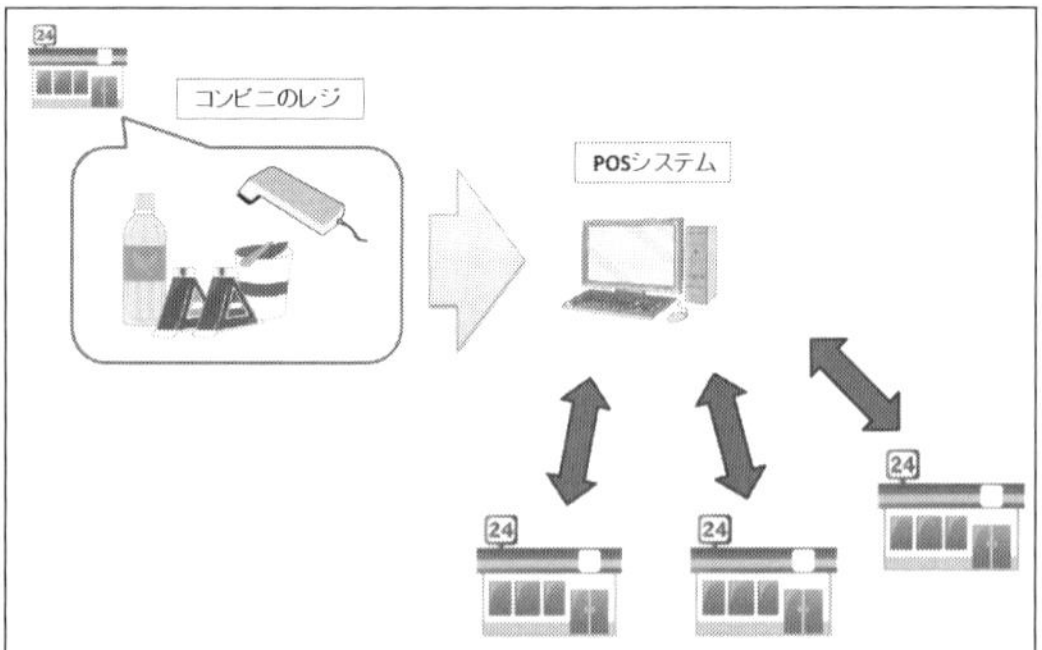

グループ毎に異なった資料でもよい。

情報のしくみ

はじめに、夕方になると、コンビニでは食料品の値段を半額とか30％値引きなどしているが、レジの店員さんは商品のバーコードを読み取って、そのまま計算しているが、どうしてでしょうかと、問いを投げかける。あるいは、この質問が難しければ、商品のバーコードを知っていますかと呼びかけ、このバーコードには何が書かれているでしょうかと、問いかけるのも面白い。この時、見たことのないものは、答えようがないので、バーコードの写真を持って見せるとよい。あるいは、教員が実際の商品、学校にある文房具でもよいが、実物か写真で見せる必要がある。この時、バーコードの知識が必要になる。

バーコードには、どこの国で作られたのか、メーカーはどこか、商品の種類は何かなどが、数値を表すバーコードで印刷されているが、値段は印刷されていない。先ほどの問いでわかるように、夕方に商品の値引きをしようとしても、印刷されていたら値段が変更できないからである。そこで、読み取りセンサーで読み取られた情報は、そのまま店内か外部のコンピュータに送られ、コンピュータに記録されている値段を読み取って、レジのプリンターに送られ、その値段が印刷される。したがって、夕方になって値引きしようとすれば、店内のコンピュータに記録されている商品データベースの値段の値を変更すればよい。バーコードに印刷されていたら、変更のしようがない。

子どもたちは、たぶんバーコードで読み取った情報を、そのままレジのプリンターで印刷していると思うだろうから、裏にコンピュータがあることに気づかせなければならない。さらに、コンピュータに商品データベースがあれば、在庫管理ができて、この商品は今売れたので、現在このコンビニにはどのくらい在庫があるかが直ちに計算できるので、その情報がそのまま卸問屋か本社でチェックして、配送センターに送られるというポスシステムになっている。この仕組みを教員が説明しても、意味がない。子どもたち自身が気づくか、アッそうか、と納得しなければならない。ただ、問いを出して話し合ってごらんと言っても、情報システムを理解するのは、いくつかの知識が必要で、例えば、バーコード、バーコード読み取りセンサー、コンピュータ、商品データベース、データベースの項目、在庫管理、在庫管理が必要な理由、などあげれば、多くの基礎知識があることに気づくだろう。

この時必要な情報は、子どもたちに与えなければならない。教員がうまく説明し子どもたちから答えを誘導する代わりに、情報を与えて子どもたち自身で考え、解を見出すほうが重要だろう。

そこでタブレット端末を利用したい。

タブレット端末の活用

グループ学習が適しているだろう。タブレット画面を見ながら、問いを考える活動をさせたいが、難しい場合には、小さい問いに分けて話し合わせる。もしタブレット端末のアプリがあって、グループの答えを教員側のタブレットに送信したり、教員側からグループに送信したりできる機能があれば、それを活用するとさらに効果が上がるだろう。

しかし、このタブレット教材の活用の本質は、子どもたちが主体的に活動し、自らで解を見出すというスタイルを可能にすることにある。教員が導くよりも、主体を子どもたちに移動することにある。そのために必要な情報を与えるのである。情報がなければ、子どもたちは右往左往するだけで、時間の浪費になる。確実な情報を与え、その情報を基に子どもたちが考えるのである。ただし、その情報は答えが書かれているわけではない。ヒントになる情報があるだけで、どの情報が重要か、どの情報とどの情報を組み合わせると、解になるのか、そこに意味がある。それは言うまでもなく、思考過程そのものである。ただし、どのような情報が必要かを子どもたちが検索するのは、時間がかかりすぎるので、勧められない。

No.

14

小学校理科　流れる水の働き

教材14-1　理科実験の記録と発表

実験風景と結果の写真をタブレットに記録する。グループ毎に発表する。（アプリは、必要ない）

［**資料引用**］コロンボ日本人学校ホームページ（http://www.jscol.com/）

教材14-2　理科実験の記録と発表

教員が、授業の始めやまとめに利用する。子どもたちが体験していない内容は、なるべく視覚的に提示する

実験の結果

理科で流れる水の働きの単元がある。水路を作り、実際に水を流して観察して、その観察結果から、水の働きを、水路が曲がっているところの外側と内側ではどう違うか、高いところと低いところから流したとき、つまり水流の速さの違い、バケツ1杯と半分ではどう異なるか、つまり水量とか水の勢いの違いなど、面白い実験課題がある。子どもたちは、雨の日や台風などの経験で、およその予想はできていると思われるが、実際の実験となると、状況は異なる。この単元では、理科の実験の意味を教えたい。

実験では、条件を明確にすることが、大切である。何を明らかにしようとするのか、それが研究仮説である。これも、子どもたちで考えさせたい。実験に入る前に、どんなことを明らかにしたいか、話し合わせる。日常生活で経験していることを、実験手順にしたがって、確かめるのである。実験課題が多いときは、グループによって、課題を分担してもよい。何を明らかにするかを把握していないと、遊びに流れる。また、実験手順も大切で、どんな順序で行ったのかを、明確にする必要がある。さらに、実験結果は、誰もが納得できるようなデータの解釈と考察が必要である。

このように考えると、実験レポートは、実験項目にしたがって事実に即して書かなければならないが、その「事実に即して」という意味は深く、大人の研究者であっても、このことを誤ると、厳しく罰則を受けることは、よく知られた事実であり、科学者の倫理は、小学生から身に付けさせたい。決して虚偽の報告をしてはならないし、誰も納得する結論への導き方でなければならない。その「事実に即して」を実行するには、写真やビデオが適している。ごまかしようがないからである。したがって、タブレット端末の写真機能や、ビデオ機能を使って、実験過程を記録して報告することは、優れたデバイスの使い方である。

この単元では、水流の速度、水量、曲がるときの外側と内側などのように、動画で見たほうがわかりやすい。デジタルカメラかデジタルビデオが適しているが、タブレット端末の機能を使えば、より簡便に記録できる。すぐに、発表もできる。

授業の進め方

グループ毎に実験をする場合や、クラス全員で実験する場合など、いろいろな場面が考えられる。研究仮説を立てて、何を明らかにするかを全員で確認しておく必要がある。なんとなく予想できることと、実験は異なることを、子どもたちに伝えておきたい。実験では、誰がやっても、どこでやっても、いつやっても、同じ結果が得られること、つまり再現性を保証しているので重要だということ、そのために、きちんと記録しておかなければならないことを、伝えたい。

撮影したビデオを発表する時は、全員で話し合って、考察をしたい。何故、そのような結果になるのだろうか、そういえば、近所の川の様子とか、台風の後の川の流れとか、雨水が流れ落ちるところの石がくぼんでいるなど、日常生活の体験と結び付けたい。そのためには、教員用のタブレット端末に写真などを取り込んでおいてもよい。これを子どもたちに見せる。考察で議論することが、山場になる。

さらに、流れる水の働きの主要な結果は、きちんと教員が板書して、子どもたちにノートさせたい。時間をかけて実験をし、考察をし、写真などを見せて説明するのは、結果を子どもたちが納得して受け入れることを目的としているからである。ここは、黒板にチョークできちんと書いてほしい。結果だけを覚えることは簡単であるが、それでは納得したことにならない、理解したことにならない。納得するまで、理解するまでの思考過程が重要で、その過程を経て、得られた知見が、子どもたち自身の頭に入っていくからである。

教材15-1　理科実験の手順

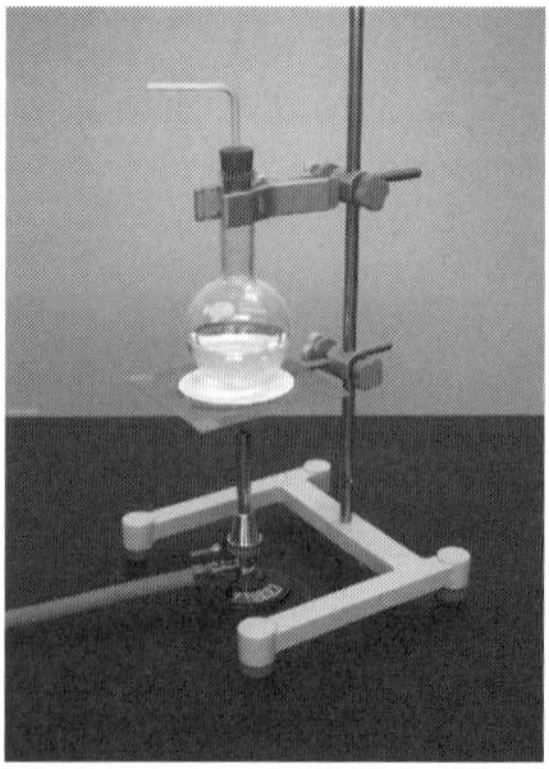

理科実験の手順は、なるべく複数写真か動画で見せるほうが効果的である。（アプリは必要ない）
［**写真提供**］ケニス株式会社

教材15-2　理科実験の手順

ガスバーナーの点火と消火の順序を並べかえなさい。

1. 点火する時
① マッチに火をつける
② ガスを出して点火する
③ 空気の量を調節する
④ ガスの量を調節する
⑤ 元せん、コックを開く
⑥ ねじがしまっていることを確認

2. 消火する時
⑦ ガスを止める
⑧ 元せんをしめる
⑨ 空気を止める

動画などの視聴後は、このような手順の並べ替えテストを行う。

動画などの視聴後は、このような手順の並べ替えテストを行う。

実験手順

理科実験には、いろいろな手順があって、しかもその順序は決まっている。それは、危険から避けるためにに、重要なことだからである。ガスバーナーの点火と消火、アルコールランプの点火と消火、顕微鏡の使い方と観察の仕方など、理科ではいろいろな手順がある。子どもが誤って間違えた手順で操作したために、火傷をしたなどの事態になると、担当教員が責任を取らなければならない。

だから、理科実験は嫌いで、特に小学校では敬遠されることが多い。私自身がそのような立場であったら、なるべく避けたい心境になるだろう。しかも、実験は事前準備が大変で、時間がかかる。子どもたち全員に実験道具が揃っているかどうか、フラスコにひびが入っていないか、ガスバーナーの口は大丈夫か、もし誤ってガスを吸ったらどうしようか、日頃教員の指示を聞かない子どもたちは大丈夫だろうか、などいろいろな不安が頭をよぎる。

そこで手順について、どう指示したらいいだろうか。番号を付けて文章で示した場合、写真に順番を付けて示した場合、動画で音声もつけて示した場合の、3種類について調査した研究がある。この研究結果では、明らかに動画に音声を付けた場合、つまりビデオで示した場合が、最も効果が高かった。これは、脳にきちんと映像で記録されていることの証拠である。テレビでも映画でも、気に入った場面は、いつでもそのシーンを思い出すことができる。名作と呼ばれ、自分でも感動した映画のシーンは、目にありありと浮かぶという表現がそのまま当てはまる経験を、誰もしているだろう。

だから実験手順を書いたワークシートよりも、あるいはそれと併用して、ビデオで子どもたちに操作手順を見せた方がよい。その時、音声が重要な役割を果たす。例えば、先のガスバーナーの消火手順では、バーナーのガス調整ネジを閉じるのが先か、ガス元栓を閉じるのが先か、迷うであろう。ガス管にガスが残っているのは危険だから、先にガス元栓を閉じて、最後にバーナーのガス調整ネジを閉めるのは間違いで、逆である。それは、ビデオを見たほうが確実に頭に定着する。音声でも、注意してくれるからである。

手順を子どもたちに教えることは、理科に限らない。およそ操作と言われることは、すべて順序であり、正しい順序を習得しなければならない。コンピュータの操作、楽器の操作、体操やダンスなどの身体の操作手順など、多くあるだろう。その場合、紙のワークシートよりも、音声付きビデオの効果がより大きい。いろいろな場面でタブレット端末のビデオ機能を活用したい。この時は、一斉授業で構わない。一斉に提示して見させるとよい。場合によって、どの順番だったか、その場でテストしてもよい。番号で書いた操作を、どの順かを言わせることも、効果があるだろう。

教材の作り方

特に注意することもない。また特別のアプリを必要としない。ビデオなので、市販教材や公開されている教材を利用したほうが効率的である。理科などでは、公的機関がビデオを無料で公開もしているので、利用したい。

理科実験は、教科専門がいない小学校では、敬遠される傾向があると述べた。確かに、時間がかかる、準備に労力がかかる、危険なことが多いことなどから敬遠されるが、この事例のようにビデオなどを活用すると、気持ちが楽になる。なにより、子どもたちは実験が大好きである。何か新しい発見をする、体を動かし、手を動かし、すべての五感を使って学習させるようにしたい。実験室での実験、教室での実験、運動場や野外での観察や実験など、いろいろな場面がある。その時に役立つのは、このような写真、ビデオなどの道具である。実験をするわけではなく、それを支援する役割が、タブレット端末である。

No. 16 意見のまとめ方 ビデオ視聴

教材16-1 ビデオ視聴の授業

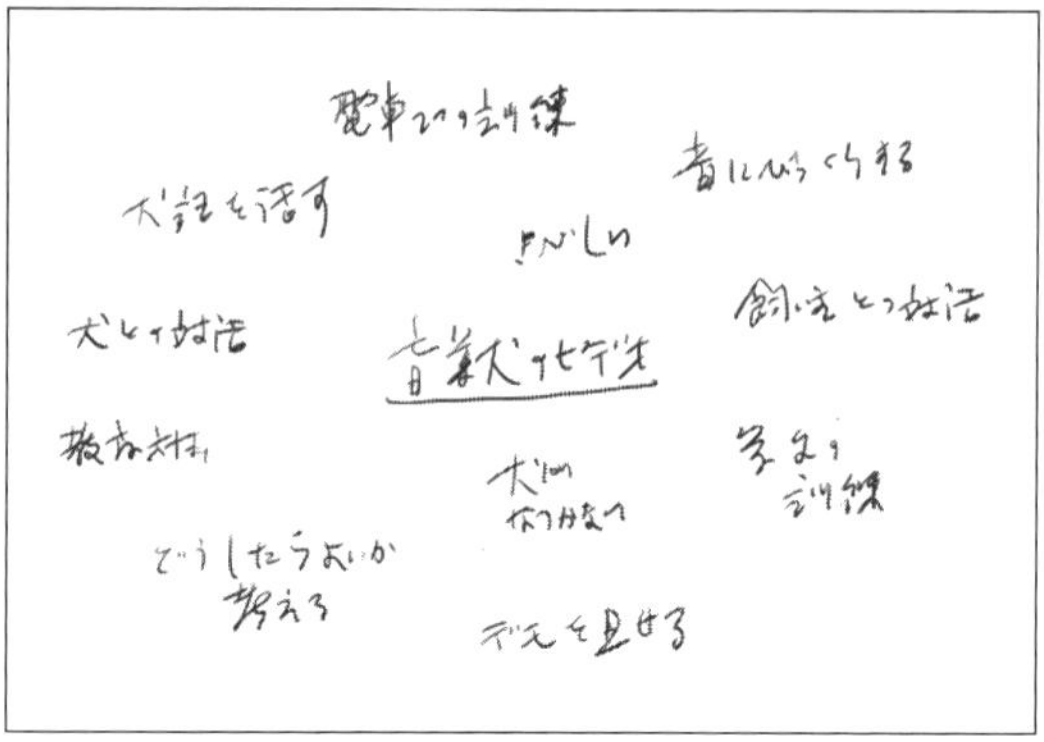

ビデオ視聴の感想や気づいたことを、タブレットに、グループで書き込む。(MetaMoji/白板ソフト)

教材16-2 ビデオ視聴の授業

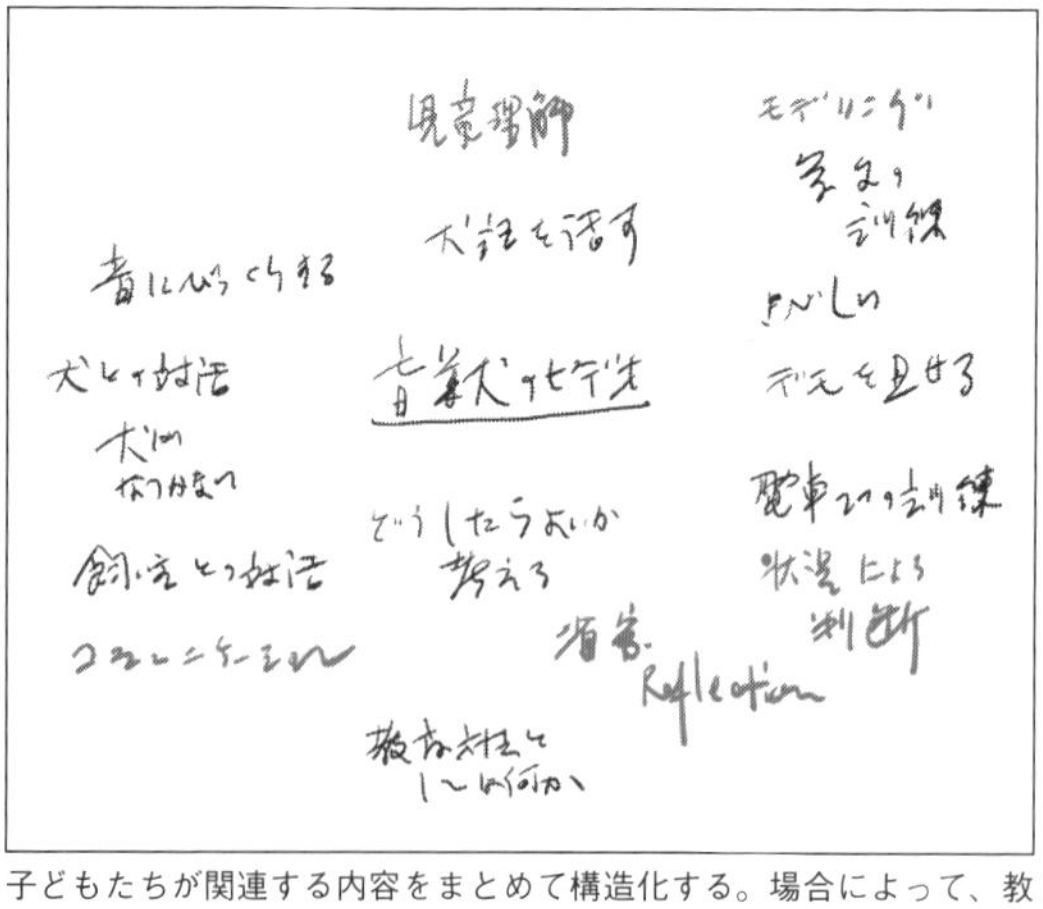

子どもたちが関連する内容をまとめて構造化する。場合によって、教員がスクリーンで示す。キーワードは教員が書く。

ビデオ視聴

小学校から大学まで、授業でビデオを視聴することはよくある。ビデオ映像は優れていて、教員の話し言葉ではどうしても表現できない感性を含めたメッセージを、子どもたちに送ることができる。小学校では、社会科で自動車工場の単元があるが、この単元では実際に工場見学するか、ビデオでその様子を視聴するしか理解する手立てはない。見たことのない内容は、子どもたちの脳に受けとめるスキームがないので、入ってこない。海を見たことのない子どもには、いかに海が広いかと言っても難しいし、雪を見たことのない子どもにも、いかに雪が冷たいかと言っても、ピンと来ないだろう。空に浮かぶ雲は、水蒸気だと説明しても見たことがないので実感がわかないが、飛行機に乗って雲の中に入る時、窓に水蒸気が付いて、外が水煙のような光景を見れば、雲が水蒸気でできていることが、直ちにわかる。そこで、ビデオを視聴させる効果が大きい。

道徳の授業なども、価値観や感性に訴えることになるので、言葉だけでメッセージを送るのは困難で、ビデオや写真などの実世界を映しているメディアが役立つ。この場合は、ＮＨＫプロフェッショナルで放映された盲導犬の訓練士のビデオを取り上げた。その理由は、教員養成学部における教育方法の講義科目で、最初のオリエンテーションで、私が学生に視聴させたからである。したがって、ビデオ視聴の学習は、学校種によらない学習法である。

授業の進め方

私の事例を述べる。教育方法論の科目であるが、最初の授業ではあまり先に進めない。どのような授業だろうかと様子を見にきている学生も多く、次週以降に科目履修の登録をするからである。この意味で、講義よりもビデオの方が、概要を把握させることに適している。

このビデオは、盲導犬の訓練学校の教員の訓練の様子を映像化しているが、もちろん内容は深く、人生における失敗、学生への指導、犬との対話、犬とのコミュニケーション、どうしたらうまくいくのかと何度も振り返る、犬の飼い主との対話、犬の恐怖の取り除き方など、多岐にわたる内容がドキュメンタリーとして、映像化されている。この盲導犬を、育てる子どもと置き換えるのは、少し不謹慎な感じもするが、教育方法としては共通点が多い。

すなわち、教師が失敗を通して実践知を得る児童理解や生徒理解、子どもとのコミュニケーション、指導方法を振り返ってどうしたらいいかを考えるリフレクション、子どもへのほめ方・叱り方など、教育方法の基礎が含まれている。

そこで、小中学校ならば、子どもたちに感想や気づいたことを発言させて、板書するだろう。

大学では、学生からの発言を引き出すことは、きわめて難しい。そこで、ビデオの視聴と共にワークシートを配布して、気づいたことをメモさせる。具体的には、ビデオ場面の時系列ごとにノートさせる。それを、先に書いたように、教育方法の専門用語でまとめるという授業であるが、もしこのようなアプリがあれば、もっと別の展開ができるだろう。学生達の感想をタブレット端末に書き出し、最後にそれらの関連する用語を移動してまとめて、教育方法の概念で説明することができる。この場合は、タブレット端末は、1台でプロジェクターからスクリーンに投影しても良い。

気づいたことをメモする、記録することは、まだ学習になっていない。単なる意見や感想の羅列に過ぎない。しかし、関連する意見をまとめるという過程において、その意味や概念が浮かび上がってくる。そこに、思考が働いて、最後にその単元のキーワードでまとめることで、知識が定着する。正確には、知識が構造化される。このようにまとめることは、思考を促しているので、KJ法をはじめとする多様な手法があるので、適用したい。単元のキーワードを書くのは、当然ながら専門家である教員でなければならない。

No. 17 小中学校道徳　自分史作り

教材17-1　デジタル自分史

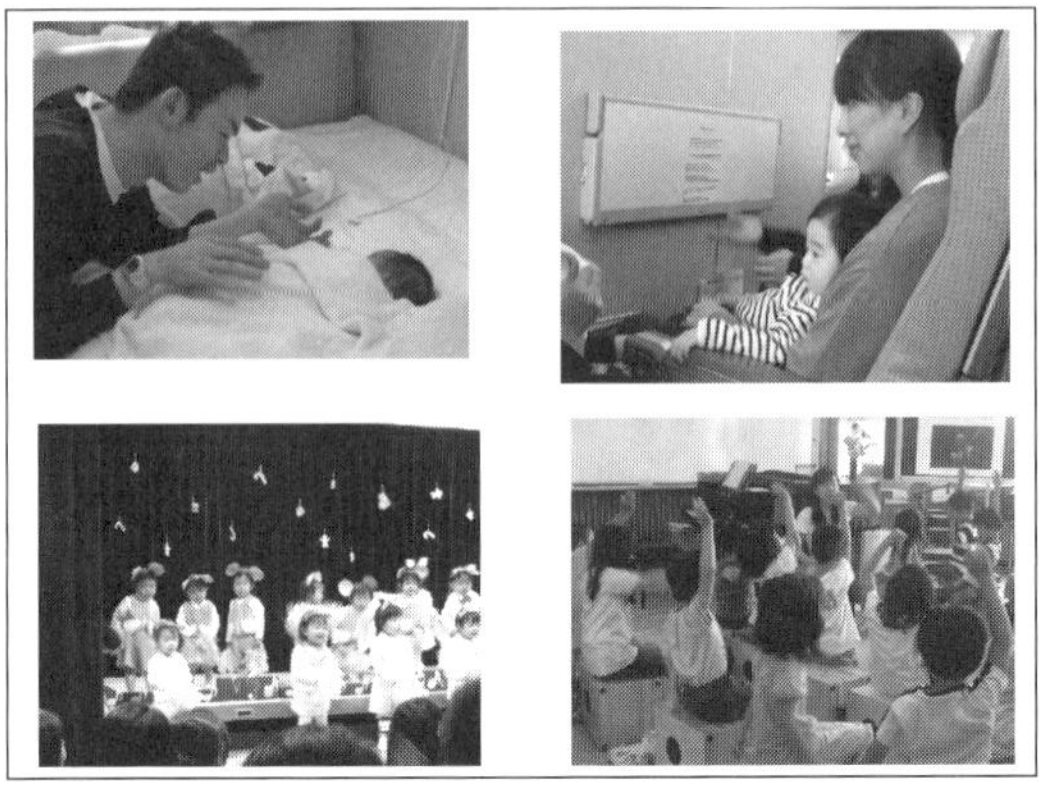

デジタル写真を張り付ける。写真を見ながら、発表する。デジタル写真がない子どもは、紙写真を用いる。（アプリは、必要ない）

教材17-2　デジタル自分史

2000年（平成12年）流行語

■おっはー
■IT革命
■最高で金、最低でも金
■Qちゃん
■ジコチュー
■ミレニアム

2004年（平成16年）ベストセラー

■ハリーポッターと不死鳥の騎士団 (J.K.ローリング)
■世界の中心で、愛を叫ぶ (片山恭一)
■バカの壁 (養老孟司)
■グッドラック (A.ロビラ フェルナンド・トリアス・デ・ベス)
■蹴りたい背中 (綿矢りさ)
■13歳のハローワーク (村上龍)
■蛇にピアス (金原ひとみ)
■電車男 (中野独人)

資料引用：http://singo.jiyu.co.jp/
http://www.tohan.jp/pdf/2004_best.pdf#search='2004

その当時のニュースや流行した本や歌などを調べて、自分史ノートを作る。
[資料引用] 2004 年　年間ベストセラー　トーハン調べ（www.tohan.jp/pdf /2004_best.pdf）
ユーキャン新語・流行語大賞前受賞記録（http://singo.jiyu.co.jp/）

デジタル自分史

私が自分史づくりの授業を見たのは、アメリカの小学校であった。１９９４年当時、在外研究で私はカリフォルニア大学コンピュータ科学部に滞在しており、カリフォルニアの青い空と緑の芝生と、広いキャンパスの中で、自由なアメリカの雰囲気を楽しんでいた。比較的自由な時間があり、実践研究の目的もあって、アメリカの学校を訪問させてもらった。小学校で自分史作りを行っていた。自分史とは、生まれてから今日までの自分の歴史作りであるが、この時の授業に、多くの斬新なアイデアが盛り込まれていたので、驚きであった。

子どもたちは、写真を持ってきてノートに貼り付けていた、というより既に出来上がっていて、各自が発表する時間だった。生まれた時の写真、旅行した楽しい思い出の写真、保育園や幼稚園の学芸会やクリスマス会、小学校の入学式など、自分の成長記録である。その分厚いノートは、教室の後ろに置いてあり、子どもたちは、自分たちの作品をお互いに読み合うことができる。この時は、グループで、自分たちの自分史ノートを見せながら、発表する時間だった。このような自分史作りは、子どもから大人まで楽しめる活動である。

ほとんどの家庭では、デジタルカメラやスマホで写真を撮ることから、デジタル画像として処理できるので、紙の写真の貼り付けではなく、デジタル自分史の作成が効率的であり、実用的でもある。パソコンで作成してもよいし、タブレット端末で作成してもよい。

かつてシニア向けのパソコン教室を訪問したら、パソコンで自分史の作品を作っていたが、その出来栄えは、まるで専門家が作ったように目を引くものであった。同じように、子どもたちが作る作品も魅力ある出来栄えになるだろう。どの時間で実施するか、例えば、総合的な学習の時間や道徳や図画工作の時間でもできるであろう。道徳ならば、誕生した時、保育園の時、家族旅行の時など、両親にインタビューして、その記録を写真と共に文章化し発表することも楽しい。親への感謝など、日頃は忘れていることを、写真と文章化することで、自分を振り返ることができる。大人であっても、昔の写真を眺めるだけで、育ててくれた両親に感謝の気持ちで一杯になるだろう。自分史を作ることは、子どもたちに、自分の置かれた境遇への感謝と、それを受け止める素直さを育てる意味で、素晴らしい活動と言える。

授業の計画

自分が誕生した日の新聞は、誰でも興味があるだろう。かつて私も、テーマパークに行ったら、年月日を入力するとその時の新聞を印刷してくれる販売機があって、買ったことがあった。もちろん、誕生日の記憶はないので興味深かったと同時に、どのような世相だったかを知って、現在の自分と比較して、自分はこれからどう生きるか、もっと自分を大切にし、親孝行もしたいと、妙に素直な気持ちになった記憶がある。インターネットが発達した現在では、それぞれの写真と共に、その年のニュースや流行語、流行った歌など調べて、自分史を作ることも面白い活動になる。

教材の作り方

教材については、特に述べる必要もなく、タブレット端末でもパソコンでもよい。自宅からデジタル写真を持ってきて、学校のタブレット端末やパソコンにインストールすればよい。問題は、どうインストールするかである。ＵＳＢメモリーを持たせて持ち運ぶのが現実的であるが、ウイルス対策が気になる。学校のパソコンやタブレット端末にウイルスチュッカーは必須である。年代の出来事を調べる時に、インターネット接続が必須であるが、難しいならば、教師用パソコンやタブレット端末に、事前にインストールしておいて、子どもたちには教室内の無線ＬＡＮでアクセスさせてもよい。それも難しいならば、紙の資料を印刷して配布しても構わない。大切なことは、子どもたちが自分を振り返ることである。

No. 18 クラス内反転学習(1) 中学校数学 グラフ

教材18-1 1次関数のグラフ

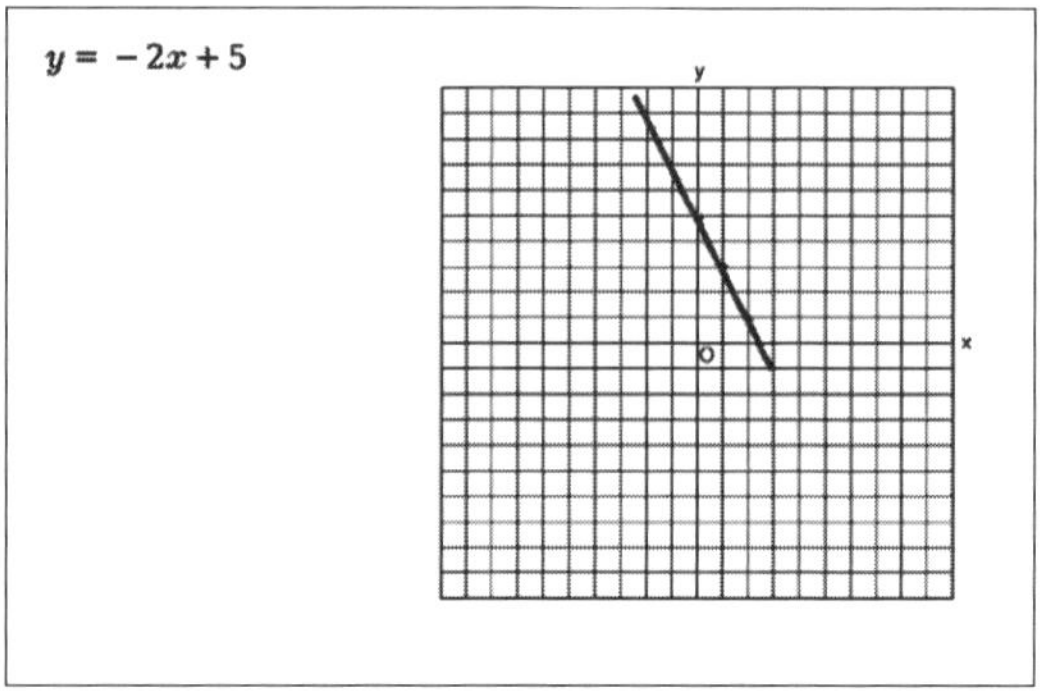

数学の1次関数グラフのはじめの動画。子どもたちは、音声を聞きながら、グループで理解する。(アプリなし、又は白板ソフト)

教材18-2 1次関数のグラフ

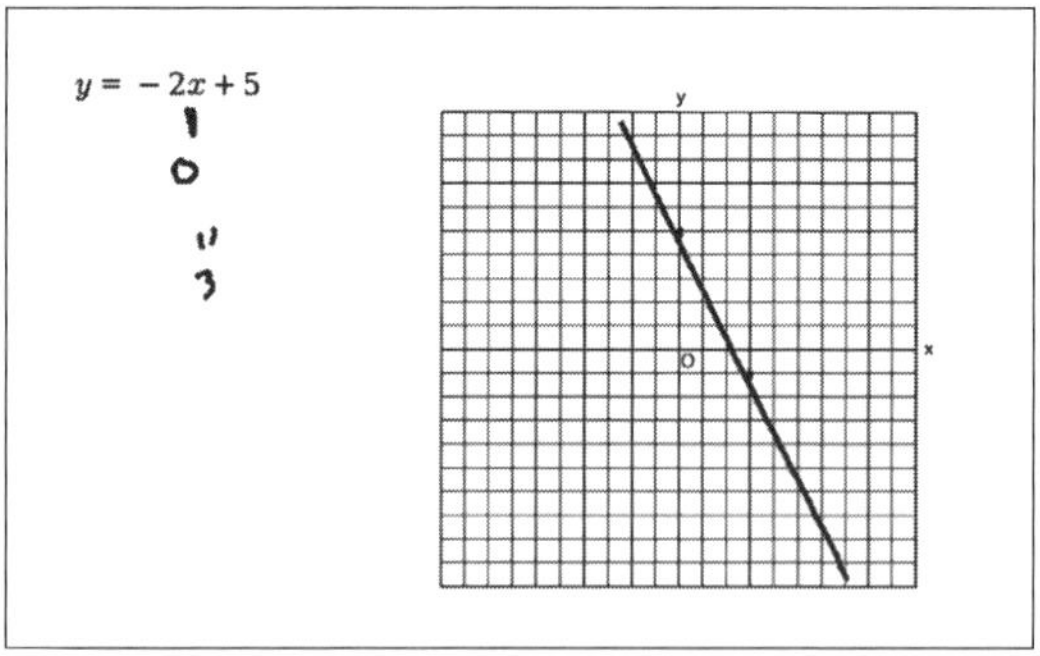

1次関数グラフの解説の後半部分。手書きの書き込みも、効果的である。

クラス内反転学習

このクラス内反転学習の用語について、初めて聞いた読者が多いと思う。私が提案しているからである。重要なので、その意味について、18から25の各項目で、述べておきたい。クラス内とは、教室でという意味である。クラスルームをイメージしたが、教室の中における反転授業であるが、授業とクラスは同じ意味なので、学習にした。英語では、ラーニングなので学習で構わないと思う。反転授業は、家庭において自分でビデオを見ながら、自学自習して、学校の授業では、問題演習とか内容についての議論とか、発展学習などを行う授業形式を言う。通常は、教室で教員が理解できるような教材や発問などを工夫して、基礎的な内容を理解させることが主目的であり、家庭では、その応用問題を解いたり、学校で理解できなかった内容を復習したりという形式が一般的であるが、その家庭と学校の役割を反転することから、反転授業と言われるようになった。

問題は、よく指摘されるように、自分1人で理解できなかったり、ビデオを視聴しなかったりしたら、どうなるのかという点である。それが前提なので、何も予習してこなかったら、ただ聞いているだけ、授業に参加できないではないかという指摘である。

そこで、ここで提案しているクラス内という修飾語は、この点を解決しようとしている。教室の中で、グループを作って、タブレットの動画教材を視聴するのである。たぶん、わからない内容が出てくるであろう。そこが重要な点である。どうしてという問いを、子どもたち同士で生じさせるのである。3人寄れば文殊の知恵の例え通り、グラフが苦手な子どももいれば、グラフが得意な子どももいる。そこで教え合うのである。つまり、クラス内反転学習の反転の意味は、教員がプロの技術を用いて、上手に教えるのではなく、子どもたち同士で教え合うことなので、反転というより、協同学習に近い。ただし、このタブレットの動画教材を用いることが、特徴になっている。

動画教材の特徴

タブレットの動画教材を利用したクラス内反転学習は、これまでの一斉授業に比べて、はるかに優れている。ここに教員が介在していないことに、注目してほしい。プロの教員がいれば、なんとかなる。本当に分からなければ、手を上げて質問することができる。ただそれが、中学生や高校生になると、周囲の目が気になって質問できない状況にあることは、誰でも経験している。質問するには、勇気と基礎的な知識が必要だからである。紙だけで理解できる子どもは、知的レベルが高い。紙とラジオの音声で理解できる子どもも、知的レベルが高い、と同時に、その単元に興味と関心を持っているに違いない。かなりの子どもは、教員という人が介在しない場合は、自分をコントロールして学習に向かうことが難しいであろう。大人も事情は同じである。

テレビやビデオなどはどうであろうか。小中学校で勉強する、漢字の読み書き、算数の計算問題や応用問題、地理や歴史の問題、理科の実験の問題などが番組として作られ、しかも高い視聴率を上げていると言われる。テレビだから、つまり動画だから見入るのであって、ラジオや紙であれば、そのような魅力がないことは、言うまでもない。

教材の作り方

この学習アプリでは、動画教材は、きわめて簡単に作れる。私は、インターネットで方眼紙の素材データを取り込んで、学習アプリにコピー&ペーストした。それを見ながら、まるで家庭教師か教員になったつもりで話し、教材の画面上にタッチペンで書く。時間はあまり長くない方がよい。3分とか5分程度であろう。グループにしろ、個人にしろ、長い教材は飽きがくるし、集中して視聴しにくいからである。もし長い単元であれば、分割して、5分以内で何本かの教材を作るほうが、現実的である。この教材作りは、きわめて楽しい。

No. 19

クラス内反転学習(2) 中学校数学 図形

教材19-1 図形角度の学習

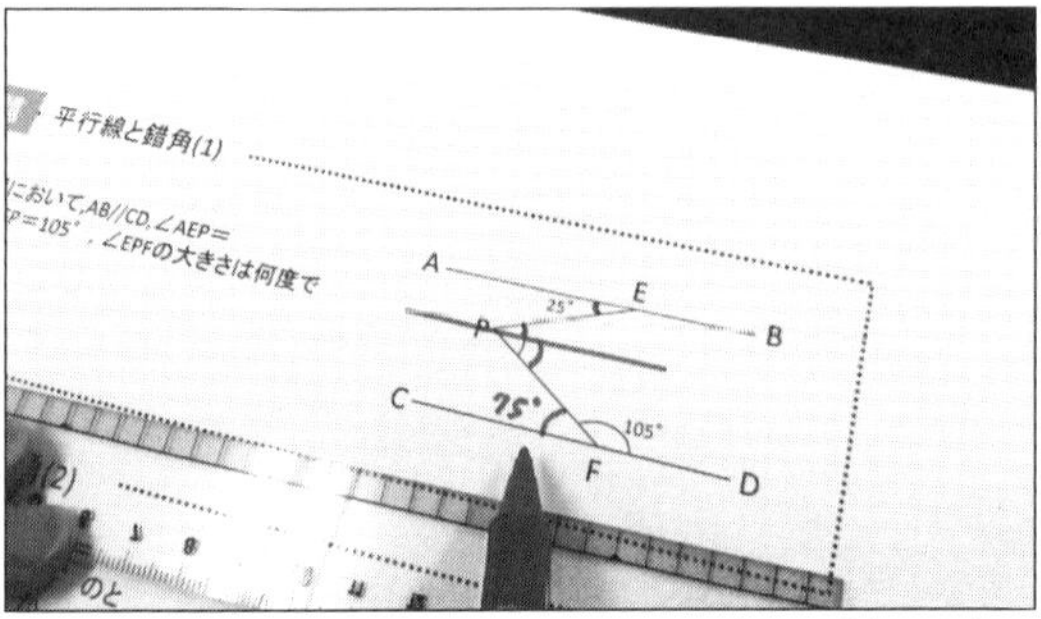

数学の角度問題の解説。問題の解き方の例を示す。音声と手書きが重要。
(アプリなし、又は白板ソフト)

教材19-2 図形角度の学習

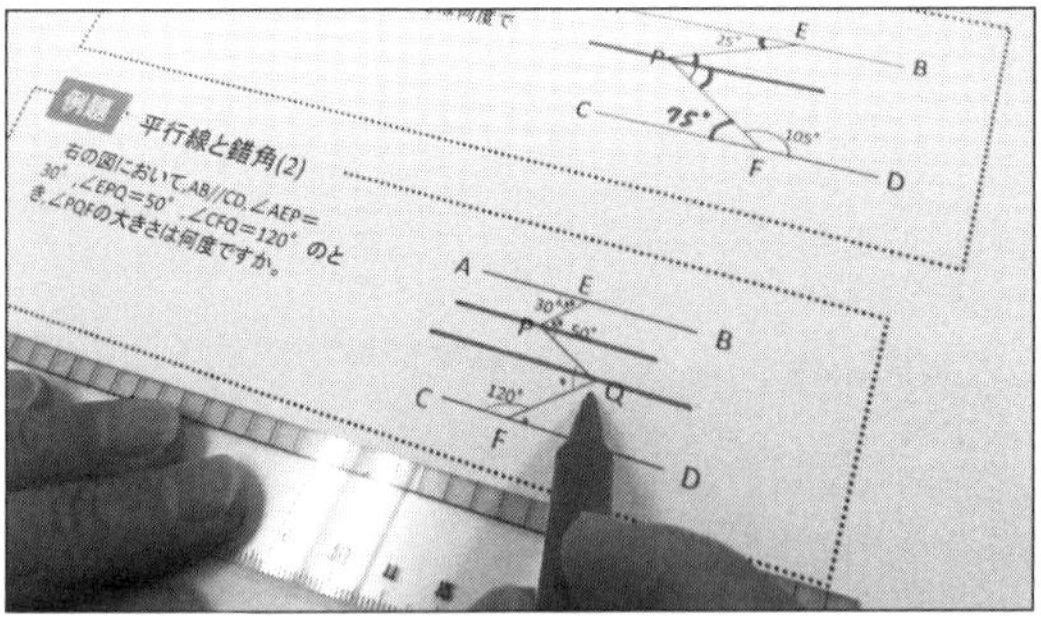

動画の後半の部分。この後で、子どもたちに配布した紙ワークシート
で練習問題を行う。

アクティブラーニングということ

前項で、クラス内反転学習の意味について簡単に触れた。もう少し、述べておこう。それは、アクティブラーニングの実現に向けた活動と言ってもよい。アクティブラーニングは、これからの学習指導要領の改訂におけるキーワードであり、教育関係者で注目されている。文字通り、アクティブとは、能動的に、主体的に、という意味であるが、これは教育方法の用語である。もともと、学習指導要領、つまり教育課程は、どの学年で何を学ぶかを規定した法的な規則であり、例えば、足し算、引き算、小数、分数など、どの学年で学ぶのか、「小、少、低」などの漢字は、学年配当漢字と呼ばれるように、学習する学年が決められている。それは子どもの発達段階を念頭において、教科や学習心理学などの専門家が決めた規則である。つまり、教育内容を規定したものが、学習指導要領である。

その学習指導要領に、教育方法が入った。どのように教えたらよいかという方法について規定されることになったので、大きな変革と言えよう。能動的に、主体的に学習させたほうが良いことは、誰も知っている。それをどのように実現したらいいかが課題なのである。本書では、それを具体的なタブレット教材という手段で、実現しようとしている。

図形の問題

中学校数学の図形の問題では、なるほどそうかと納得することが大切であるが、そのためには、自分の手元で確かめた方が、効果的である。一斉授業では、教員が板書しながら説明をするが、中学生や高校生では、それをノートに書き写すことが主な活動であり、特に数学のような授業では、この傾向が強い。

しかし、誰でも経験したように、ここがおかしい、どうも納得できないと思っても、教員は待ってくれない。板書と説明に時間がかかり、1人1人にわかるように説明することは、きわめて難しい。というよりも、不可能に近い。人は、その顔や体や性格は、それぞれ異なっていることが自然であって、皆同じということは、生物学上ありえない。知的レベルも同じであって、しかも、得意不得意は、それぞれに異なっている。体育は好きだが、数学は苦手、音楽と国語は好きだが、理科は苦手、同じ数学でも、グラフは苦手だが、図形は得意など、人の顔や性格が違うように、異なっていることが自然である。だから一斉授業で、全員が分かる、満足する、集中することは、無理な目標設定なのである。

このことから、グループを作って話し合う、相談することが、自然な学習法になる。

教材の活用の仕方

はじめに、この動画を視聴する。グループで話し合う。わからないところがあったら、途中で止める。教材は、動画なので通常のビデオアプリで再生されるが、一時停止、早送り、早戻しなどの機能があるので、この機能を用いて、途中で止めたり、戻したり、早送りしたりすればよい。画面を指さしながら、納得するまでグループで相談すればよい。

一斉授業であれば、遅れている子どもは、そこで思考が止まり、進んでいる子どもは、飽きがきて、ノートの端にイラストなど描いて、その先に進むのを待っている場面を、よく教室で見かける。一斉授業では、一時停止も、巻き戻しも、早送りもできない。

この教材の場合は、ワークシートや練習問題集など紙の教材を使って、練習問題をするとよい。応用問題に出会って、自分の理解の程度を知るのである。問題を解く意味は、自分の鏡であり、自分の姿を映し出すことで、自分のどこが弱いのかを知ることで、修正することにねらいがある。教員から教えてもらうだけでは、修正ができない。自分で気づくことが、きわめて大切である。アクティブラーニングとは、そのことも含んでいる用語と解釈したい。単に活発だということではなく、自分を振り返る活動でもある。

No. 20 クラス内反転学習(3) 中学校理科 電気

教材20-1 電気回路の学習

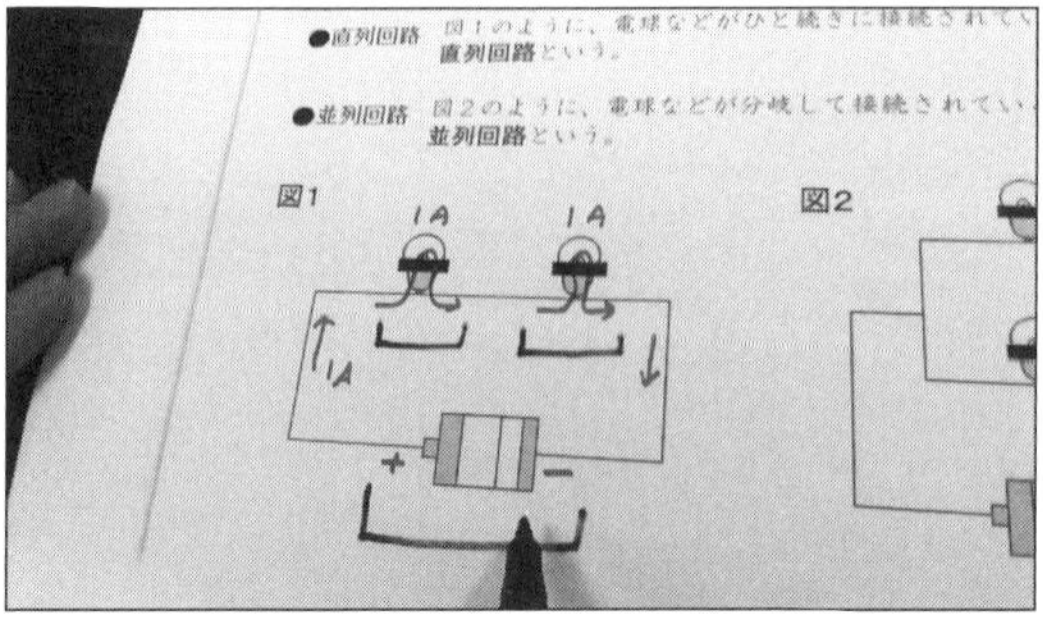

電気回路の解説動画の前半部。矢印などが効果的で、視覚に訴える。(アプリなし、又は白板ソフト)

教材20-2 電気回路の学習

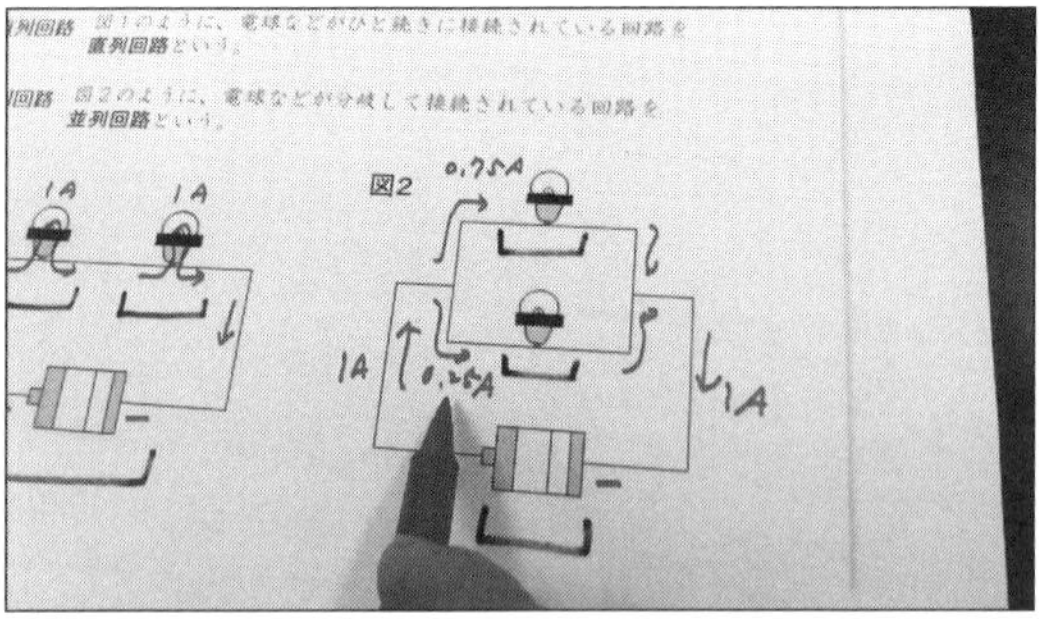

解説動画の後半部。手書きの場合は、色を変えると効果的。

電気の学習

小中学生が苦手な学習の1つに、電気の単元がある。オームの法則、ボルト、アンペア、オームなどの単位、複雑な回路など、理解できた子どもたちには、こんなにやさしい単元はない、すぐにできると自信をもつが、苦手な子どもは、複雑な回路図を見ただけで、もう逃げ出したくなるような表情をする。あまり意味を確かめないで、この場合は、こうするといいと、自己流に計算方法だけを暗記する子どももいる。中学生になって、理科の計算問題は、子どもたちを、得意と不得意のグループに分けるようだ。文系と理系という分け方にも通じるかもしれない。小学校の時に、理科が好きと答えた子どもの割合が、中学校になって、急速に減少する傾向は、国際数学理科教育調査でも、明らかにされている。

数学や理科では、一度つまずくと、それが後まで影響を与える、というよりも、理科嫌い、数学嫌いにさせてしまう。理科実験は楽しいという子どもも、問題になると、お手上げという割合も多い。この項目では、そのような電気の計算問題を取り上げた。

動画は、学習アプリでも、タブレットのビデオ機能を使ってもどちらでもできるが、本教材は、1人が説明者の肩越しに、タブレットのビデオ機能で撮影したものである。

家庭教師モデル

子どもたちは、何故理科嫌いになってしまうのだろうか。実験は楽しいというのは、手を動かすからだという経験的な知見もあるが、楽しいことが、背景に隠されている法則と結びついていないから、理科嫌いになるのであろう。大人でもあっても、こんなことは恥ずかしくて聞けないが、電気はどうして通るのだろうかとか、並列とか直列ってどんな意味があるのだろうかとか、疑問を持っている人も多い。素直に質問できればいいのだが、一斉授業では、大人は恥ずかしくて聞けないが、という言葉以上に、中高校生には、もっと壁が厚いだろう。そこで、この教材は、家庭教師がモデルになっている。

この教材に限らず、クラス内反転学習の動画教材は、すべて家庭教師のような教材と考えていただきたい。一斉授業の映像を思い出していただきたい。映像は、すべて教員が映っている。目線は、子どもたちの机から教卓に向かっている。つまり、教員と視聴者の間には、数メートルの距離がある。そこには、うまい教え方の教師が存在しているのであって、親身に質問に答えてくれる家庭教師ではない。もちろん、この教材は、子どもたちの質問に答えてくれる人工知能を備えた教材ではない。

しかしながら、この動画を視聴すれば、すぐ側に家庭教師がいて、語りかけてくれるような雰囲気がある。そこには、家庭教師の姿は見えないが、この画面を共有しているという感覚が、教材を通して実感できるからである。

教材の活用の仕方

この教材は、通常の授業の後半で復習的な意味で使っても、授業の前半で予習的な意味で使っても、どちらでもよい。ただし、実験などの後のほうが効果的である。何故ならば、子どもたちに電流とか電圧などの概念が、皮膚感覚を通して、わかっていることが必要だからである。その後で、概念を整理し、納得し、自分の言葉で表現できるようにしたい。自分なりにわかっているかどうか、練習問題で確認することも、必要であろう。この教材の後に、ワークシートや問題集などを使って、子どもたちの理解を知る上で、取り組ませたい。

苦手だった計算問題や、複雑な回路の問題も、基本を理解していればやさしいのだと実感できれば、大成功である。できれば、この活動もグループ活動としてやらせたい。その状況や子どもたちの特性にしたがって異なるが、皆で問題を解きあった楽しさは、いつまでも忘れない。一斉授業では、そのような楽しい思い出は、何故かほとんどない。

No. 21 クラス内反転学習(4) 中学校理科 地震

教材21-1●理科の地震波の学習

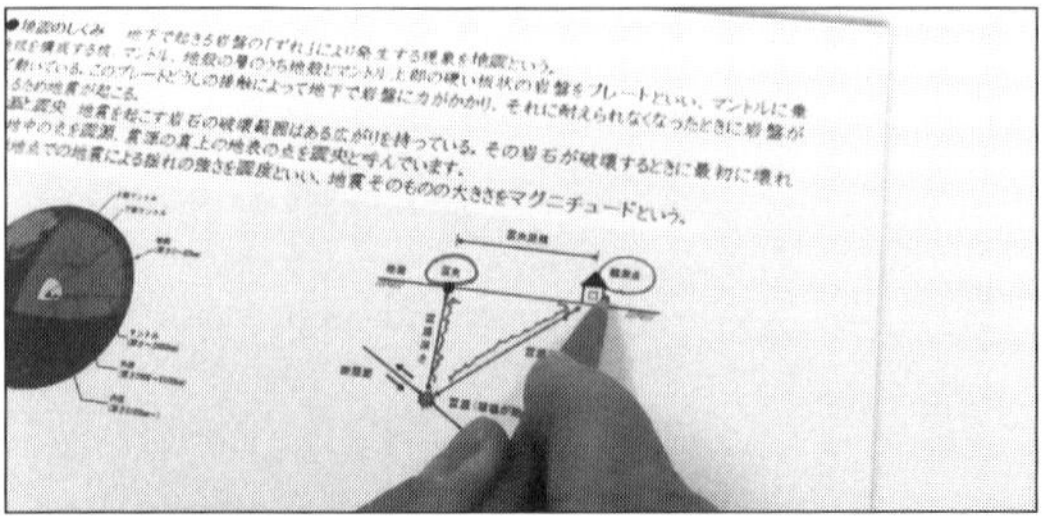

地震波の解説動画。資料に手書きで書き込むことが効果的。
（アプリなし、又は白板ソフト）

教材21-2●理科の地震波の学習

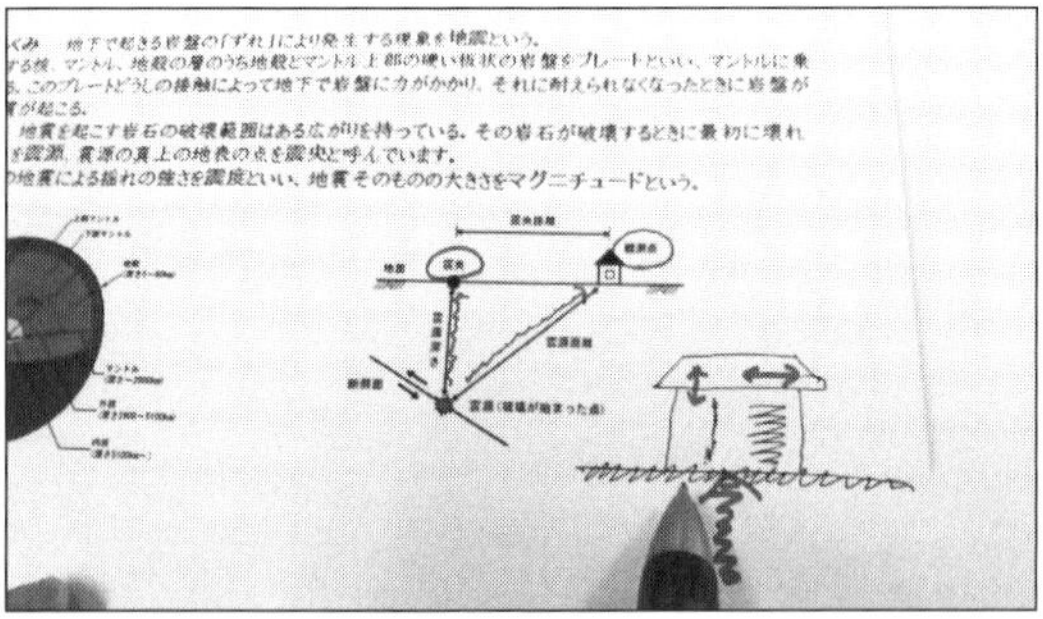

地震波動画の後半部。手書きと音声が重要。この学習後、理解度テストを行うと、効果的。

［資料引用］「知識・解説」「地球内部の模式図」（気象庁）
（http://www.jma.go.jp/jma /menu /menuknowledge.html）
国土交通省四国地方整備局ホームページ
（http://www.skr.mlit.go.jp）
地震発生のしくみ・よくある質問集（気象庁）
（http://www.jma.go.jp/jma/menu/menuknowledge.html）
「四国の防災・災害情報」（四国整備局）
（http://www.skr.mlit.go.jp/bosai /index.html#top2）を加工して作成

地震の学習

クラス内反転学習の(1)から(4)までの教材を見て、数学は問題例が多く、理科では説明文が多いことに気づかれたであろう。教科の特性にもよるが、数学は問題を通して説明したほうが教材の説明がしやすく、理科は概念や意味の理解が重要なので、このような教材の傾向が出てくる。この単元も、説明文と図を中心に解説した動画教材を作った。

理科では、どうしても図や写真や表などが必要になる。それは、可視化や視覚化することが重要だからである。言葉だけでは説明しきれない。その言葉の背後にある意味が重要で、そのために、頭の中のイメージや思考を、外部に表現することが必要だからである。

この地震の例では、震源と観測地点は異なること、それは当たり前ではないかと言われるだろうが、それを具体的に、その場所を示して○で囲むことで、子どもたちに伝わる。言葉だけでは伝わらないのは、子どもたちは勝手にイメージして、表面的に想像しているので、教員の意図が伝わっていないことが多いからである。

そこで、この教材では、震源と観測地点を○で囲み、観測地点でも、特に震央を区別している。震源では、その地震の大きさをマグニチュードで表し、観測地点では震度で表すことの意味がわかるからである。図で、きちんと示すことで、震度は場所によっていろいろ変化するが、マグニチュードは1つの数値だけだということも、すぐにわかる。言葉だけならば、その違いは分からないであろう。推測も難しい。その違いを知るには、頭の中で地球の断面図を推測して、ようやく上記の違いにたどり着くだろう。だから、図に手書きで書いて、教員も説明と共に、図と音声で理解しやすくしている。

また、上記も紙教材だけを示しても、あまり効果はないであろう。もちろん、知的レベルの高い子どもたちは理解できるが、一般的にはなかなか難しい。動画教材であれば、説明の音声と同期して、図に〇が描かれるので、脳の部位をリンクして理解することになり、学習効果が高いのである。

教材の活用の仕方

本教材は、インターネットで検索した資料を、学習アプリにコピー&ペーストした。その方法は、すでに示したとおり、きわめて簡便である。その後、この学習アプリの動画機能やタブレットのビデオ機能を用いて、録画する。その動画ファイルは、どこでも保存できるので、共有フォルダに置いておけば、子どもたちに共有できる。この動画教材を再生するには、学習アプリは必要ない。通常の動画再生アプリであれば、再生できる。

グループで視聴させて、お互いに意見交換させるとよい。ただし、この意見交換や議論が難しい。意見を言うのは、自分の意見がある時、質問が出るのは、分からないことが分かっている時、反論するのは、反論するだけの根拠を自分で持っている時なので、何も考えがないときには、意見がでないのは当然である。

そこで、ワークシートなどで、考える視点を問い形式で用意するとよい。あるいは、問題集などで問題を解かせてもよい。解く過程で、自分の考えをまとめることができたり、どこがわからないかが明確になったりするからである。

クラス内反転学習を実現する

中学校や高等学校では、一斉授業になりやすい。それは教科で教える内容が多く、グループ活動をする時間的な余裕がないことも原因の1つであろう。このクラス内反転学習は、生徒たち自身で、教科の学習をするのである。そして、自分たちで、問題に当たって、理解の程度を確かめる学習法である。思いきって、授業の主体を、教師から子どもたちに移したらどうであろうか。そこに新しい授業観が生まれるであろう。

No.
22 クラス内反転学習(5) 時事問題

教材22-1 時事問題の学習

1．資料１　道徳教科化２７年度にも

数値評価は行わず　文科省の有識者会議が報告案

2013.11.11 21:49 ［教育］

道徳の教科化に向けて検討している文部科学省の有識者会議「道徳教育の充実に関する懇談会」は１１日、現在は正式教科ではない小中学校の「道徳の時間」を数値評価を行わない「特別な教科」に格上げし、検定教科書の使用を求める報告書案を公表した。年内にも最終報告を取りまとめる。文科省は中央教育審議会の議論を経て早ければ平成２７年度にも教科化する方針。

報告書案では、道徳教育の現状として「他教科に比べて軽んじられ、実際には他の教科に振り替えられている」などの課題を指摘。抜本的な改善と充実を図るには教科化が適当とした。ただし、５段階などの数値評価はせず、記述式で児童生徒の取り組み状況を評価するよう求めた。

時事問題のニュースを解説する動画の前半部。手書きと音声で解説する。（アプリなし、又は白板ソフト）

教材22-2 時事問題の学習

1．資料１　道徳教科化２７年度にも

数値評価は行わず　文科省の有識者会議が報告案

2013.11.11 21:49 ［教育］

道徳の教科化に向けて検討している文部科学省の有識者会議「道徳教育の充実に関する懇談会」は１１日、現在は正式教科ではない小中学校の「道徳の時間」を数値評価を行わない「特別な教科」に格上げし、検定教科書の使用を求める報告書案を公表した。年内にも最終報告を取りまとめる。文科省は中央教育審議会の議論を経て早ければ平成２７年度にも教科化する方針。

報告書案では、道徳教育の現状として「他教科に比べて軽んじられ、実際には他の教科に振り替えられている」などの課題を指摘。抜本的な改善と充実を図るには教科化が適当とした。ただし、５段階などの数値評価はせず、記述式で児童生徒の取り組み状況を評価するよう求めた。

時事問題の動画の後半部。手書きで色を変えると、印象に残る。いろいろな題材に応用できる。

［資料引用］ 産経ニュース（2013年11月11日）

時事問題

この項目では、時事問題を取り上げた。高等学校の社会科の単元などが好ましいが、教科専門ではないので、私が大学の教育学部で講義した内容の1部を選んだ。時事問題は、大学の講義では頻繁に用いられるテーマである。その理由は、今日的な話題に関心を持ってもらいたいことと、考えさせる内容が含まれていて、学生も関心を持っていることが多いからである。時事問題では、新聞のニュースがよく取り上げられる。適切に書かれており、文章の書き方も高校生や大学生にとって、参考になる。

さて、ここでは、道徳の教科化のニュースを取り上げている。それがタブレットの動画教材となっているので、生徒たちは、それを視聴しながら学習をするスタイルである。それでは、一斉授業の講義を受けることと変わらないではないかと思われるが、動画教材には、一時停止、早送り、早戻りボタンがあるので、何度もチェックできる。

グループで議論する

さらにグループなので、議論できる、意見交換ができることの効果が大きい。この教材には、ワークシートや課題が必要で、その課題について意見交換することができる。それは、大学のゼミに近い学習スタイルである。通常のゼミ形式では、担当学生が文献を読んできて、パワーポイントなどで発表して、質疑応答をする。私の経験で言うと、発表時間が10分以内、実際は7分程度で、質疑応答を20分とし、1人の持ち時間を30分程度で実施してきた。1コマが90分なので、発表者が3人であった。ポイントは、議論の時間が、発表時間よりも長いことである。そこで学生たちは、理由を考える、重要なポイントを知る、自分の意見を述べる、背景を考える、多様な視点があることを知る、意見が対立した時の対応の仕方など、一斉授業では難しい高次の認知能力を学ぶ。それを、一斉授業の中で行おうとするモデルが、クラス内反転学習である。

課題の設定

動画教材は、5分以内程度で十分である。説明時間が10分以上かかる場合は、数本の動画にわけるほうが、好ましい。そして、必ずワークシートをつけてほしい。時事問題などは、知識よりも考え方が大切で、何故起きたのか、君はどう思うのか、背景は何なのか、どう解決したらいいのかなど、自由に書かせるには、ワークシートが必要になる。

本書の姉妹本である「タブレットは紙に勝てるのか」の中で、私はブレンドすることの大切さを強調した。紙とタブレット、教科書とタブレット、実物とタブレット、黒板とタブレットなど、いろいろな組み合わせによって、それぞれのデバイスの特性が発揮される。

通常の授業の中で、高校生がこのような時事問題などで議論を深めれば、これまでの授業を改革するであろう。どうしても講義形式になりがちな高等学校や大学の授業で、議論ができるようになったら、素晴らしい。ゼミでは実現されているが、高等学校や大学の授業ではまだ見受けられない。是非、実現したい。

教材の作り方

これまでに述べたように、きわめて簡便である。5分の動画であれば、5分で作成できる。見返すこともあるので、数回試行するとしても、20分もあれば十分である。完璧な動画を作る必要はない。普段通りの動画のほうが、親しみやすい。教員の顔や姿は映らない。記録されるのは、画面だけである。したがって、画面に何も触れないで、ただ説明だけをしても、視聴している生徒たちには、画面に何も変化がないので、ほとんど意味がない。

説明しながら、説明箇所を下線などで強調したり、余白に書き込みをしたり、家庭教師になったつもりで、話しながら書くことで、動画を作成するとよい。

No. 23 クラス内反転学習(6) NIE・時事問題

教材23-1 NIEの学習

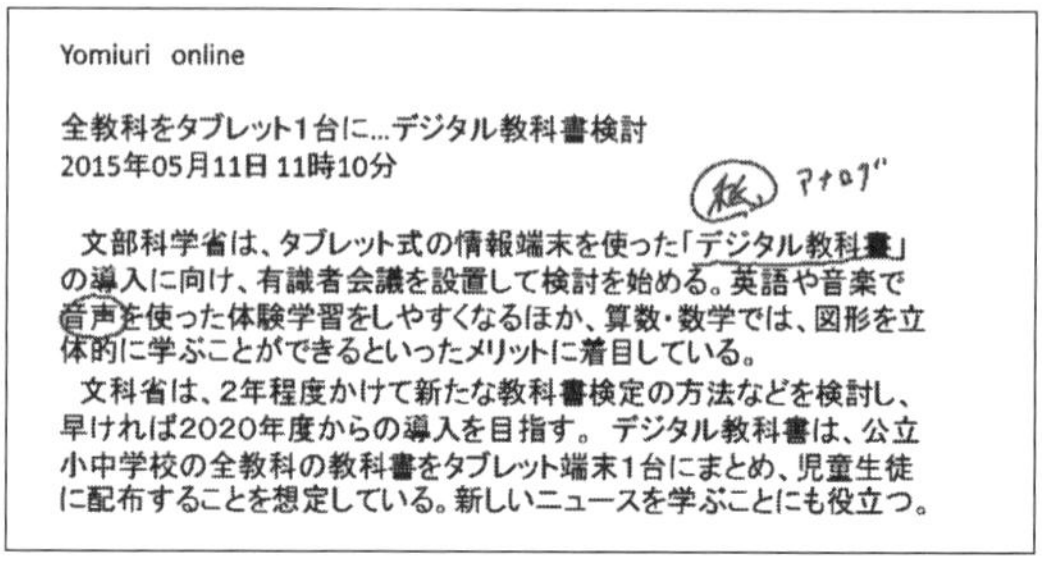

Yomiuri online

全教科をタブレット1台に...デジタル教科書検討
2015年05月11日 11時10分

文部科学省は、タブレット式の情報端末を使った「デジタル教科書」の導入に向け、有識者会議を設置して検討を始める。英語や音楽で音声を使った体験学習をしやすくなるほか、算数・数学では、図形を立体的に学ぶことができるといったメリットに着目している。

文科省は、2年程度かけて新たな教科書検定の方法などを検討し、早ければ2020年度からの導入を目指す。デジタル教科書は、公立小中学校の全教科の教科書をタブレット端末1台にまとめ、児童生徒に配布することを想定している。新しいニュースを学ぶことにも役立つ。

NIE（教育に新聞を活用する学習）の解説動画の前半部。元の記事に重ねて下線を引いて、手書きと音声で動画を作成する。（アプリなし、又は白板ソフト）

教材23-2 NIEの学習

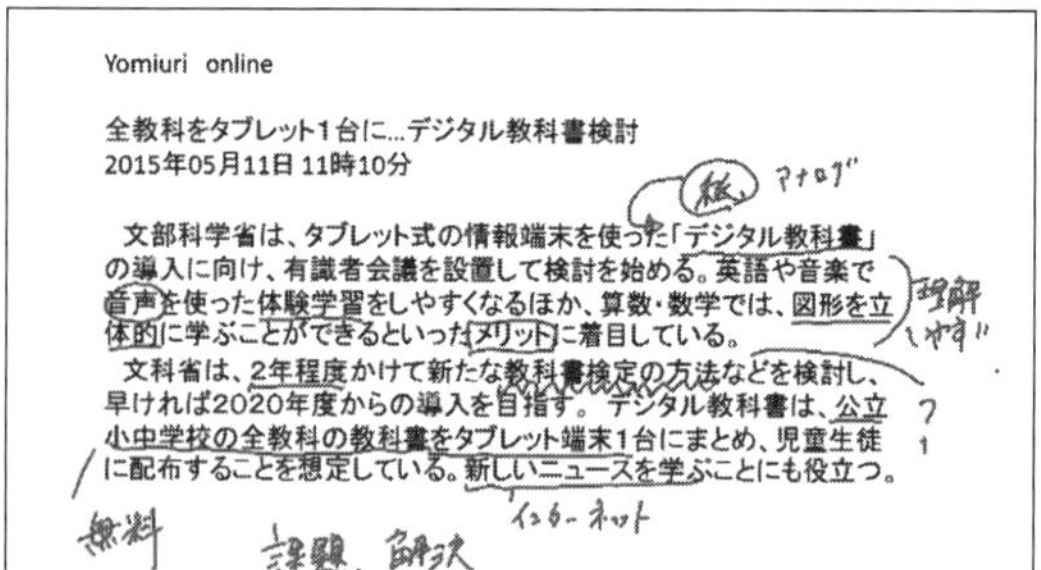

Yomiuri online

全教科をタブレット1台に...デジタル教科書検討
2015年05月11日 11時10分

文部科学省は、タブレット式の情報端末を使った「デジタル教科書」の導入に向け、有識者会議を設置して検討を始める。英語や音楽で音声を使った体験学習をしやすくなるほか、算数・数学では、図形を立体的に学ぶことができるといったメリットに着目している。

文科省は、2年程度かけて新たな教科書検定の方法などを検討し、早ければ2020年度からの導入を目指す。デジタル教科書は、公立小中学校の全教科の教科書をタブレット端末1台にまとめ、児童生徒に配布することを想定している。新しいニュースを学ぶことにも役立つ。

NIEの解説動画の後半部。元の記事に重ねて下線を引いて、音声付きで解説することが重要。

［資料引用］ 読売新聞2015年5月11日 デジタル教科書 導入検討 全教科タブレット1台に

議論させること

ＮＩＥとは、よく知られているように、新聞を教育に活用する学習である。確かに新聞にはニュースを始め、現代社会がよく反映されているので、これを教育に活かしたいという発想は、当然である。実際には、どのカリキュラムで行われているのか、内容によって異なるが、社会科や総合的な学習などが多いであろう。ここでは、デジタル教科書を取り上げた。このような時事問題を授業で取りあげるには、教員に事前の教材研究や背景となる知識が必要になる。この内容であれば、生徒自身も興味を持つと思われるので、中学生か高校生が対象になるかもしれない。

さて、この内容について、教員自身でポイントを解説して動画で保存する。ポイントの解説が重要である。録画時間は、５分程度かそれ以下が適切であろう。生徒たちは、グループで１つの画面を共有して視聴するが、音声が重要であり、周囲が騒音だと聞き取れない場合が多いので、注意が必要である。グループで、もう一度巻き戻して視聴しなおすことも重要である。生徒たちだけで学習するので、どのような理解をしているか、わからない。この事例では、デジタル教科書には、どのような課題があるだろうかを考えさせるのである。この考えさせることは、重要な活動で、教員は机間巡視をしながら、どのような課題意識を持って議論しているかを、確認する。もし、深い議論や核心をついた課題に触れていれば、この授業は大成功である。何故なら、生徒たちだけで、たった5分の動画を見て、議論ができるのであるから、一方通行の知識伝達の授業とは、本質的に異なっている。

そのためには、5分の解説が授業の要になっており、そこに本質を踏まえた解説をしていただきたい。5分の動画は、議論を引き出すための呼びかけであり、内容の本質に導く案内役である。いかに議論ができるかにポイントをおいているが、そこに導くことは容易ではない。しかし、本質を踏まえた解説は、議論を導きやすくする。何か、議論をしたくなる。例えば、この例では、紙は無くなるのだろうか、紙とタブレット端末は、どこが異なるのだろうか、価格は、どうなるのだろうか、教室のインターネット接続は、どうなっているのだろうか、教科書は義務教育では無料だが、デジタル教科書も無料だろうか、そもそも、どうしてデジタル教科書が取り上げられているのだろうか、など多くの疑問が出るだろう。その考える力を養うことが、このクラス内反転授業の特徴なのである。

教材の作り方

この動画は、アプリを使えば、きわめて簡単に作成できる。5分の動画では、15分もあれば、制作時間は十分であるが、問題は、その背後にある知識と語りかけにある。ここで語りかけと書いたが、文字通り語りかけていただきたい。一斉授業で話すのは、教卓から数メートルも離れた席に座っている生徒たちに話す、講義する、解説する、質疑応答するのであるが、この動画作成の場合は、そこが異なる。

隣に生徒が1人座っていて、その生徒に、資料を見せながら、ここだよと言って、時に手書きで、メモや下線を引きながら、文字通り語りかけるのである。それが、臨場感や親近感をもたらす。別の言葉では、そこに語る人がいるという存在感であり、プレゼンス理論と呼ばれている。この理論によれば、人が理解できたり、学習に興味を持ったり、授業に参画したりするのは、物理的な距離が近いとか遠いかよりも、心理的な距離感が重要だと主張している。確かに、教室で講義を聞くほうが、テレビで勉強するよりも、必ず学習効果が高くなるとは言い切れない。どのような講師がどのように話すのか、その心理的な距離感に影響されるのは、経験的にも知っている。したがって、隣に座っている生徒に語りかける、つまり家庭教師モデルで、語っていただきたいと述べた。

教材24-1 算数のおよその数

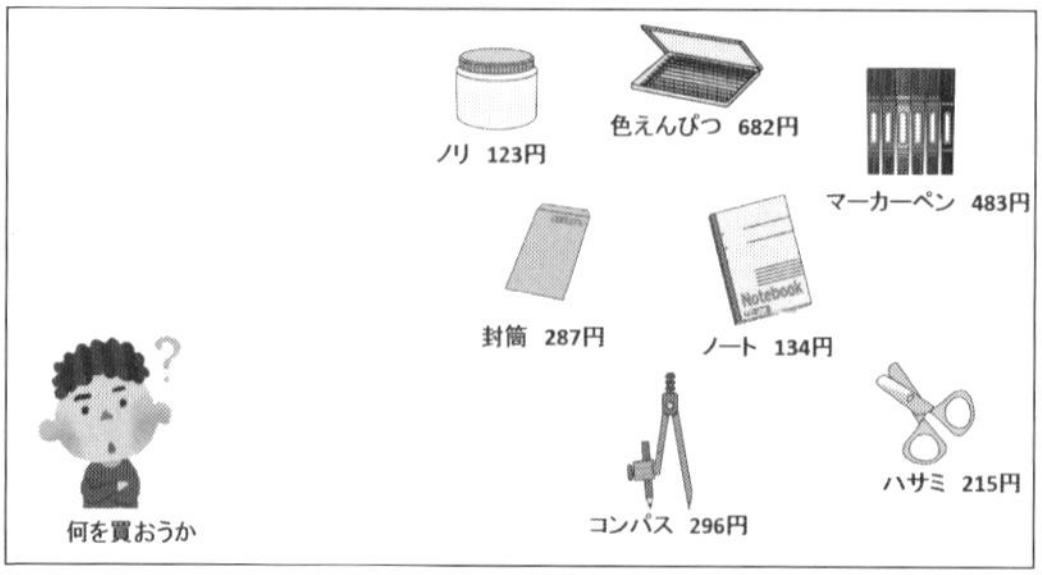

算数のおよその数の動画の前半部。（アプリなし、又は白板ソフト）

教材24-2 算数のおよその数

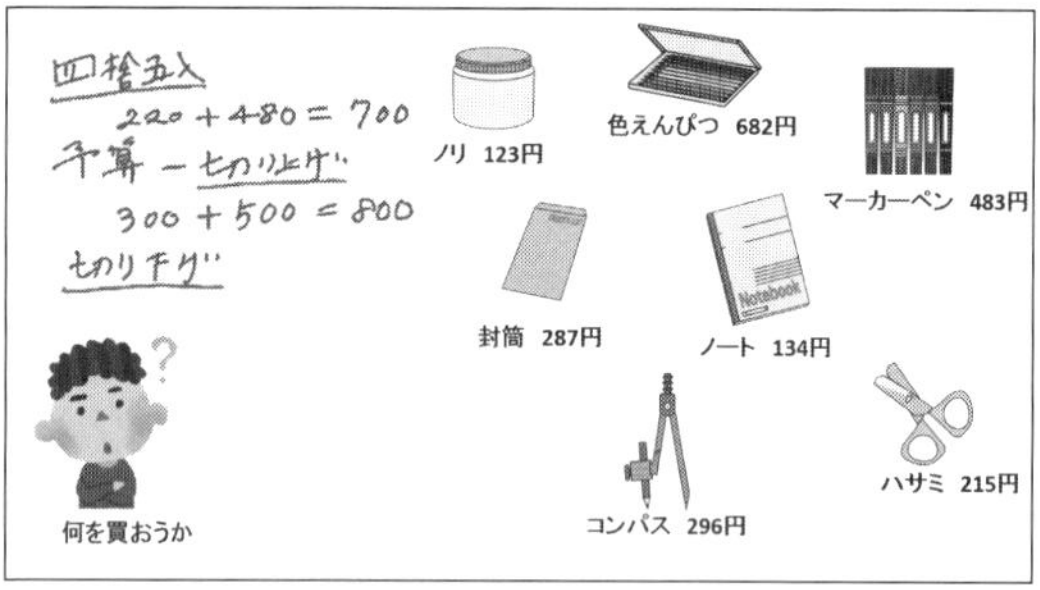

およその数の解説動画の後半部。この後で、タブレット上で自由に買い物をして計算させるとよい。

およその数

小学校算数で、四捨五入、切り上げ、切り捨てなどの学習をする。よく用いられる題材が、買い物であり、これらを買った値段は、およそいくらでしょうかという問題が出される。この時、子どもが実際の買い物をする時の気持ちになることが重要である。架空の買い物では、子どもの経験した知識が働かないから、とんちんかんな答えであっても、気がつかない。例えば、お菓子を5個買ったら、お金が1万円を超えたとか、文房具を6個買ったら、50円ですべて買えたなどの答えになったら、どこか計算がおかしいことになる。その気づきを起こさせるには、子どもの経験を題材に取り入れる必要がある。

子どもの気づきは、学習をさせるための基本的な要素と言ってよい。気づきが伴わなければ、計算方法を教えただけで、子どもは、その方法にしたがって、実行しているに過ぎないからである。だから、この教材では、文房具のイラストが必要になる。消費税のために1の位までの値段になっているので、この学習は適している。さて、この学習では、四捨五入、切り上げ、切り下げの理解をさせるが、一斉授業で、磁石付のカードを黒板に貼って、皆で話しながら計算に導くのが、王道であろう。

しかし、これを動画にして、グループで動画を見ながら考えさせたらどうだろうか。このような方法があってもよい。それは、動画を視聴しながら、自分たちだけで理解し、問題を解くことができれば、より高度な学習をしたことになる。教員は、机間巡視をしながら、アドバイスを与える立場になる。教える立場から、支援者への変換である。もちろん、このような自分たちだけでという理想の学習には、すぐに到達しないかもしれないが、少しずつ挑戦することも意義が大きい。何故ならば、教え方上手な教員という立場から、子どもの良きアドバイザーという立場に変わるきっかけになるからである。

授業の活動計画

いろいろな場面が想定される。概念を理解させるために、授業の始めに、このクラス内反転学習を実施する場合、授業の中間で子どもたちに考えさせる場面で導入する場合、授業の後半で、応用問題に挑戦する場合に用いる場合など、考えられる。どの場合がよいかは、教員の授業デザインによる。その教員の授業の考え方によること、学校や学級の雰囲気や学習環境に依存するので、ここでは述べられない。ここでの反転学習の意味は、家庭と学校が反転している意味ではなく、教員と子どもたちの立場が反転していることを示している。

特に、日本の小学校の授業は、世界的にもきわめてレベルが高い位置を占めている。その理由の1つは、一斉授業における子どもたちの把握の仕方にある。40人の子どもたちを、1人1人に気を配りながら、きめ細やかに学習指導ができるのは、日本の教員のお家芸と言ってよい。だから、小学校では、あえてこのクラス内反転学習を実施しなくてよいが、さらに上のレベルの学習に持っていくためのきっかけである。自分たちで考える、議論する、解決方法を見つけるスタイルを、中学校や高等学校では特に求められる。そのためのスタートの教育方法でもある。

教材の作成

教材の作成は、きわめて簡単で、アプリを用いて短時間にできる。教員が、語りかければよい。それも5分以内である。逆に長いと、学習効果は低い。一回目はうまくいかないことが多いので、2回目か3回目で保存すればよい。失敗した場合は、保存しなければよい。5分以内の時間の損失なので、何も問題はない。また、あえて完璧な動画をめざさないほうがよい。普段の授業も、完璧ではない。普段着の話し方を、子ども1人1人に向かって、話すつもりで作成すればよく、つかえたり間が伸びたりしても、一向にかまわない。

教材25-1　小数の掛け算

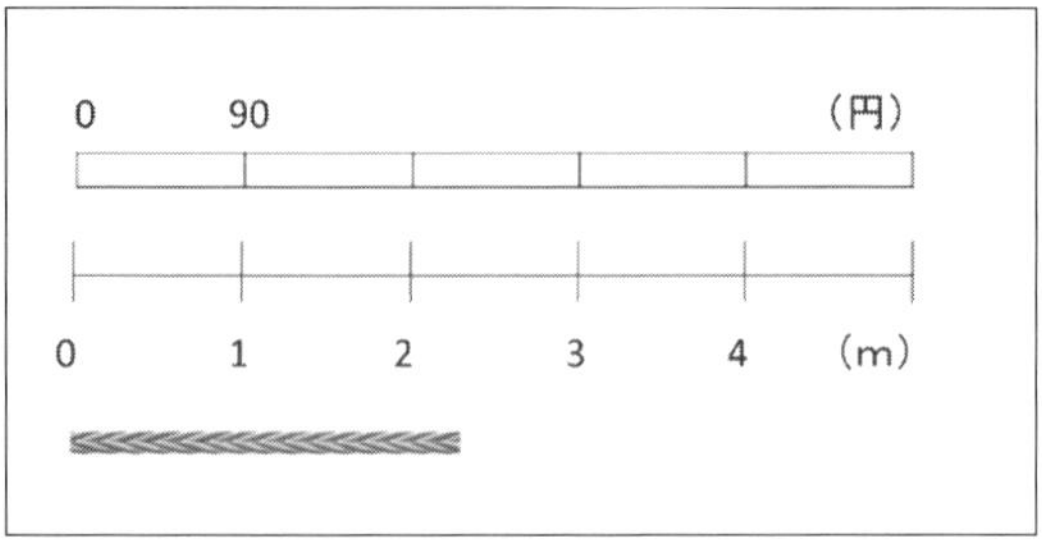

小数の掛け算の解説動画の前半部。ひもは、なるべく実際に近いものがよい。(アプリなし、又は白板ソフト)

教材25-2　小数の掛け算

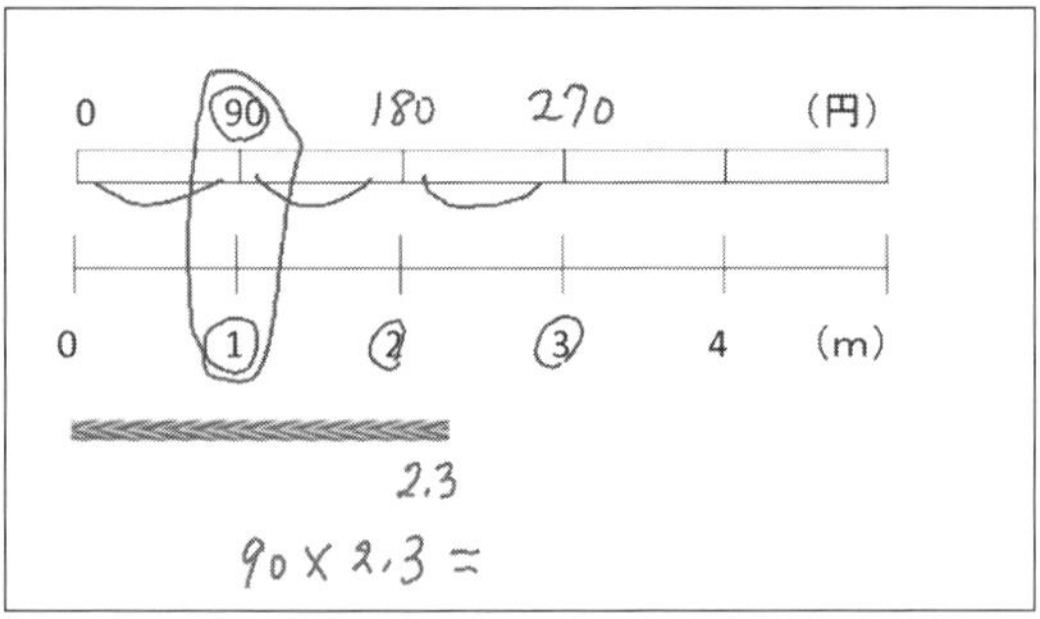

小数の掛け算の解説動画の後半部。グループで話し合って、その後に紙ワークシートで問題を解いてもよい。

小数の掛け算

小数の掛け算の元は、言うまでもなく、整数の掛け算であるが、その移行をスムーズに行う必要がある。数直線は、その代表的な教材で、数直線を使って、小数を掛けるという自然な考え方に導きたい。1mの長さのヒモが90円だとして、2.3mの長さのヒモがあったら、値段はいくらかというような問題設定がその代表である。どこの教科書や参考書でも出てくるような題材設定であるが、ここで、2.3mのヒモを買いたいという設定のほうが、より現実感がある。発達心理学でよく知られているように、小学生の時期は、具体的操作であり、その具体的操作を通して、つまり経験を通して、それはこういうものだというスキームが蓄えられる。それは、自分の経験と離れたものではない。経験と結びついている。だから、2.3mのヒモがあったら、では、架空の話になるが、自分が買うとしたら、暮れの大掃除で、お父さんと一緒にヒモを買いに行ったら、または、お母さんと一緒にリボンを作るためのリボンヒモであったら、といろいろな想定ができる。

このように考えると、このヒモの長さと値段が、数直線という算数の思考装置にぴったりと合っている。2.3mも実際にある長さであり、経験で得られた知識やスキームが、働きやすい。この場合は、1mが90円という元になる値段があって、そこから2mなら、1m分の値段の90円が加算されるから、１８０円になり、３ｍなら、さらに１ｍ分の値段90円が加算されて、90円の３倍の値段になることを導き、2.3ｍなら、その類推から、90円に2.3倍を掛けることを導く。図で２倍の１８０円と３倍の２７０円の間の２０７円になることも、納得しやすい。この納得しやすくするために、数直線が有効であることは言うまでもない。数直線によって、長さと値段の関係が可視化されるからでる。

長さと値段の関係は、図示できるのでわかりやすいが、ヒモの長さと値段の関係が、この可視化に役立っている。リンゴ１個の値段が90円で、リンゴ２個と0.3個分があったときの値段では、不自然さが目立って、とても理解できそうもない。ジュース１杯の値段が90円で、2.3杯分のジュースがあった時の値段では、どうして2.3杯なのかに疑問を持つので、不自然な題材ということになる。日常生活で得られたスキームや暗黙知が働かない。やはり、ヒモなどの長さと値段の関係が、最も頭に入りやすいのである。

授業の活動

実際には、小学校では黒板に図のような数直線で説明することが、定番である。この説明の場面で、子どもたち同士の話し合いによって、理解が深化されることは言うまでもない。お互いが気づくという思考が伴って、小数の掛け算の意味が理解される。注意しなければならないことは、計算ができることと、理解していることや納得していることは、別である。学校の授業では、納得に重点を置きたい。教員の優れた指導技術によって、ある理解や納得に導くことは大切であるが、しかし別のアプローチがあってよい。子どもたち自身が、試行錯誤しながら、寄り道をしながら、ある理解にたどり着くことは、素晴らしいことであり、それを別の問題にぶつかって確かめることも、重要である。それは、教員という専門家が指導案というルートを決めた道筋から離れて、体験活動しているからである。クラス内反転学習とは、そこを意識して授業設計している。

教材の活用

繰り返すが、きわめて簡便である。このアプリを使うことで、図に手書きで書き込みながら、動画で保存できる。2人いれば、タブレットの動画機能を使って後肩越しに、説明する場面を撮ってもよい。動画なので、通常の動画再生アプリで視聴できると共に、わからない場面に出会ったら、止めるか、戻ることができる。そこで、子どもたちの考えを出し合うのである。

第3章
タブレット＆アプリの基本操作

タブレットの機能とアプリで教材を作る

第2章では、タブレットの機能を活かした教材を使って、授業やクラス内反転学習を実施する方法を解説している。教材の作成には、タブレット本体が持つ機能や、市販、あるいは無料で配布されているアプリを使用する。

第3章では、いくつかのアプリの使い方を解説しているが、同様の機能を持つ他のアプリ、あるいはふだん使い慣れているＰｏｗｅｒＰｏｉｎｔやＥｘｃｅｌを使用しても、もちろん教材を作成することが可能だ。また、ここでアプリのすべての機能を解説できるわけではないので、詳しくは各アプリのヘルプや提供サイトを参考にしてほしい。ここでの解説は、アプリを使い始める際のヒントとして、活用していただけると幸いである。

●標準機能や市販アプリを活用

本章では、インターネット閲覧ソフト（ブラウザー）と写真や動画を撮影するカメラ機能として、いずれもＷｉｎｄｏｗｓ、ｉＰａｄに標準搭載されるアプリを使用している。これ以外にも、特徴的な機能を持つブラウザーやカメラアプリがあるので、必要に応じて使ってかまわない。

文字を書き込んだり、イラストを貼ったりして資料を作る方法の解説では、白板ソフトとMeta Moji Note Liteを使用している。白板ソフトには、教材の作成や編集の過程を動画ファイルとして保存できる特徴がある。

また、発表（プレゼンテーション）の際に役立つソフトには、ロイロノートがある。クラス内で資料を共有したいときに便利な機能も持っている。ファイルの共有では、Dropboxを活用する方法もあるので、解説を参考にしてほしい。

カメラやインターネット閲覧ソフトではタブレットの標準機能を使用している。

資料の作成では、市販、あるいは無料で公開されているアプリを活用してみよう。

01 Wi-Fiに接続する

教室内のiPadやタブレットPCをインターネットに接続するには、無線LAN（Wi-Fi）を利用する。Windows 8.1、iPad、それぞれについて、手順を見てみよう。
無線LANの親機を指定して、「セキュリティキー」を入力する手順となる。

ネットワークへの接続には Wi-Fiルーターを利用

多くの学校では、校舎や教室内にLAN（小規模ネットワーク）に接続するためのポートが設置されている。ここに、無線LANの親機となる、Wi-Fiルーターを設置することで、複数のタブレットからインターネット利用することが可能になる。

1台のWi-Fiルーターに接続可能な、タブレットの台数は10台以下が目安となる。そのため、タブレットは班ごとに一台など、グループ単位での利用が適している。接続台数が増えると、電波の干渉などにより通信速度が低下することもある。

Wi-Fiルーターは、大手家電量販店などで、五千円前後から購入することができる。接続可能台数や利用時の注意は、機種ごとに違うので、それぞれのマニュアルなどで確認しておくようにしよう。

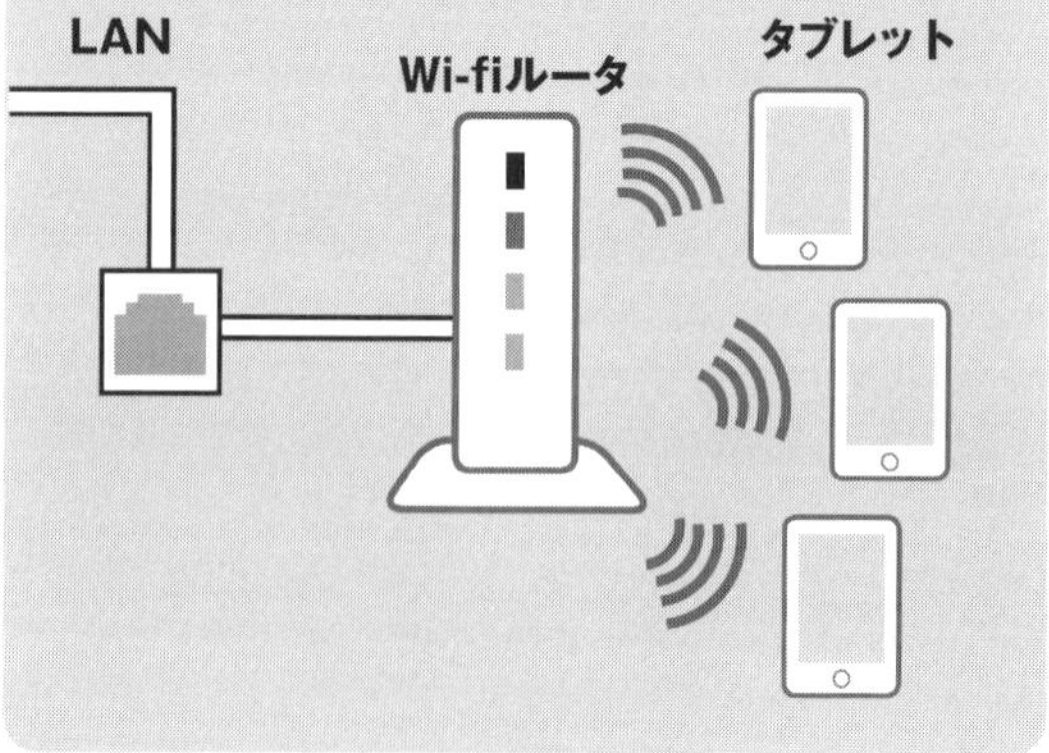

[Windows 8.1]

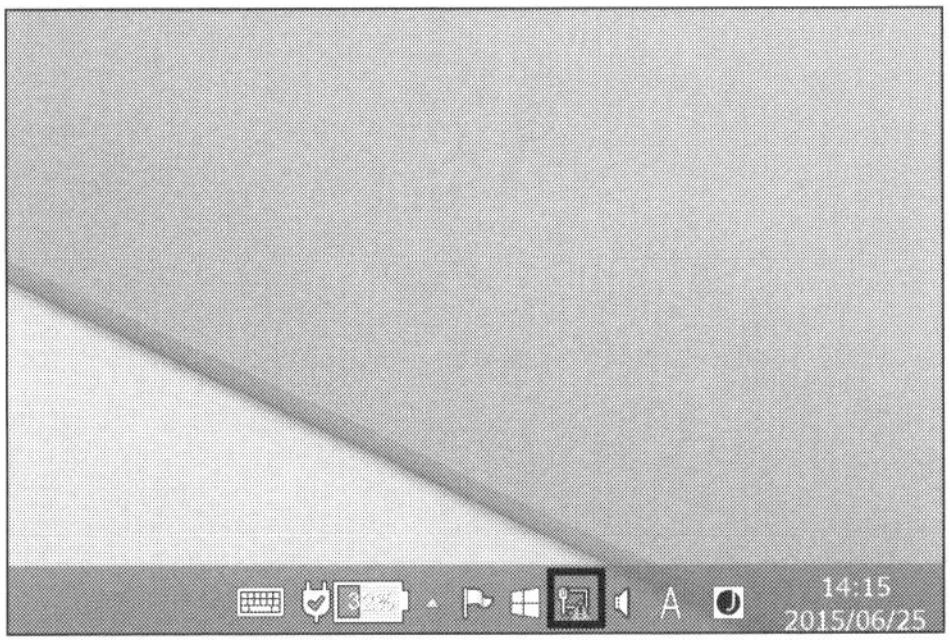

1. タスクバーの「インターネットアクセス」をタップする。

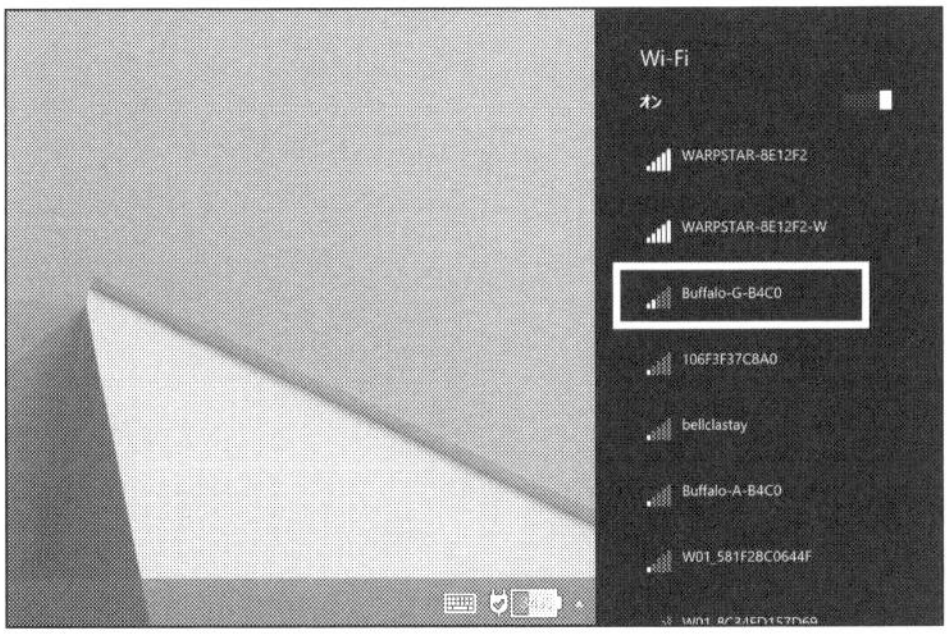

2. Wi-Fi がオンになっていることを確認したら、接続先の無線 LAN 親機の名前を選択する。

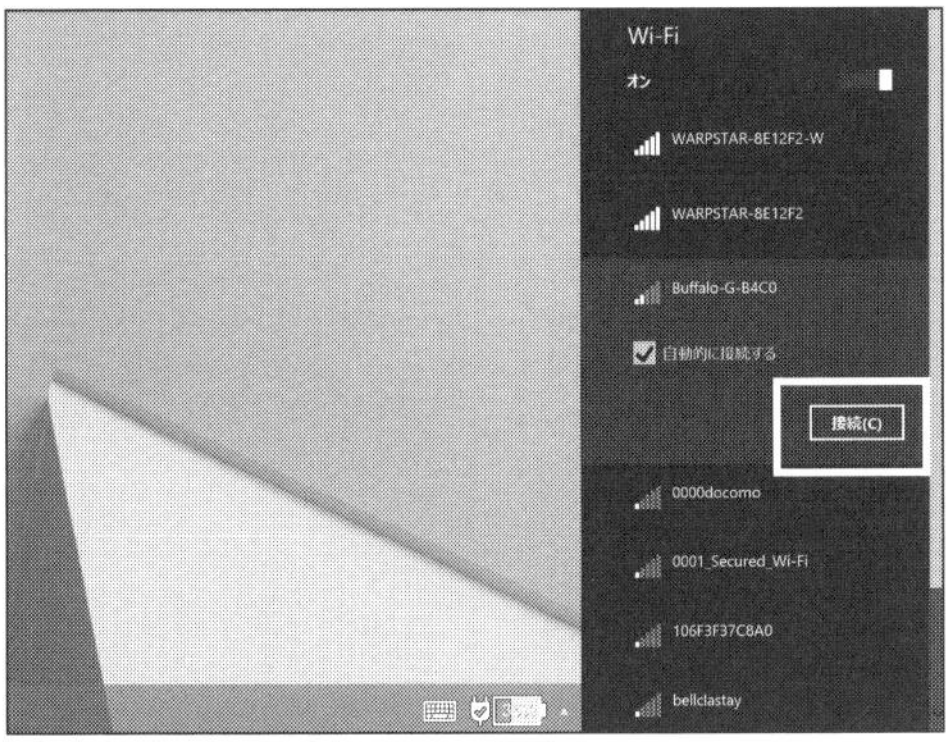

3. 選択した接続先の「接続」をタップする。

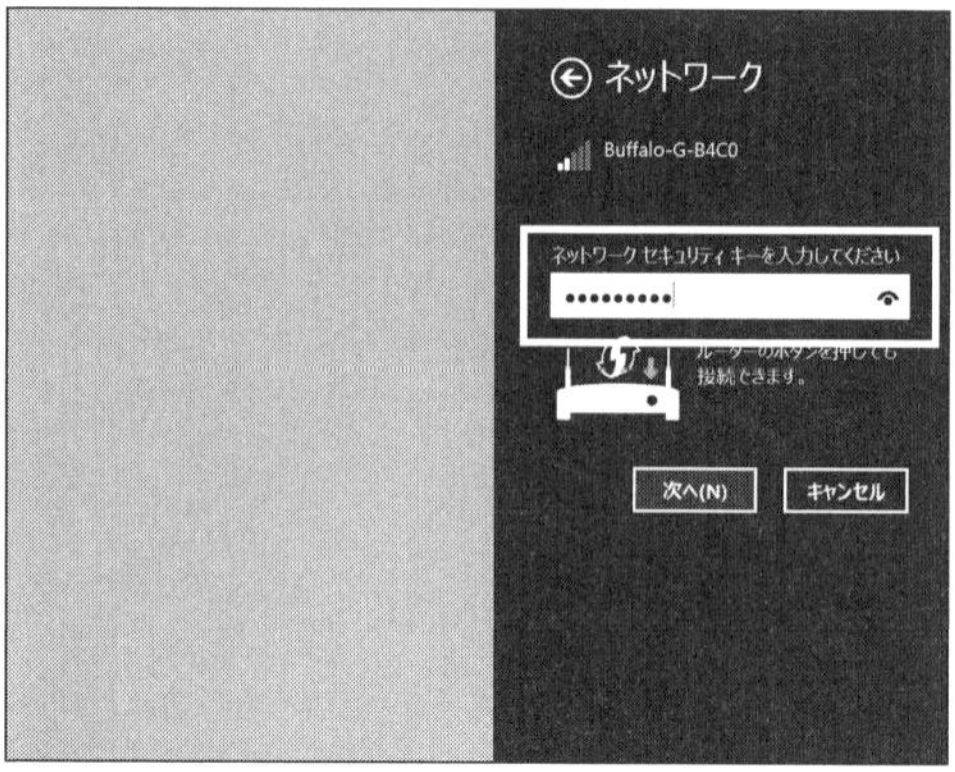

4.「ネットワークセキュリティキーを入力してください」と表示されたら、入力する。

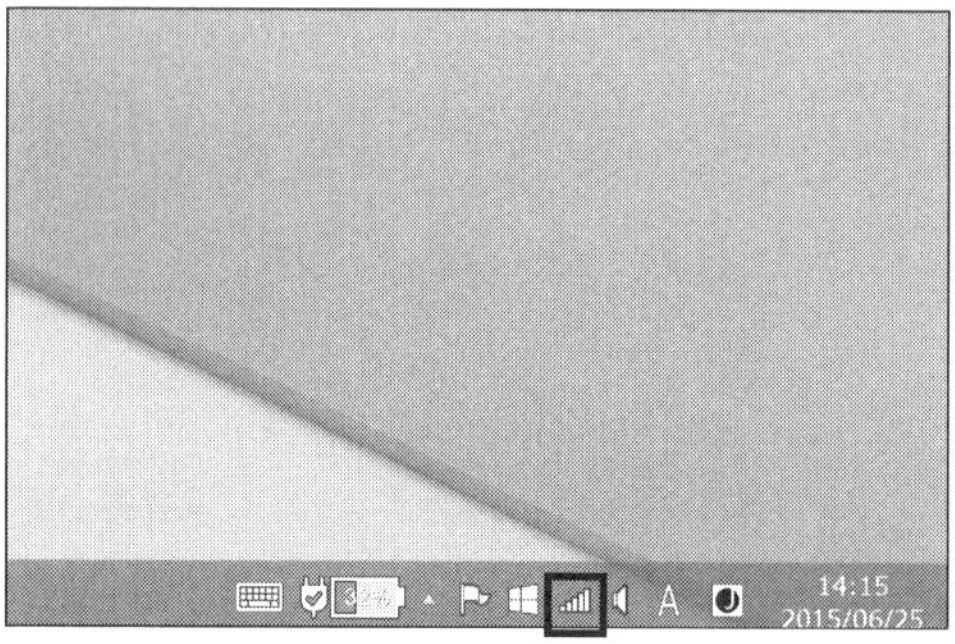

5. 接続が確立されたら、インターネット利用できるようになる。

セキュリティキーとは

Wi-Fiルーターを安全に利用するためのパスワード。正しく入力しなければ、ネットワークに接続できない。通常は、Wi-Fiルーター機器の背面などにシール貼りされているので、確認してみよう。

また、「AOSS」や「WPS」と書かれたWi-Fiルーターなら、本体のボタンを押すことで、セキュリティキーの入力に代えることができるので、製品マニュアルで確認しておくと、接続時の手間を省略できる。

[iPad]

●インターネットに接続する

1. ホーム画面で「設定」をタップする。

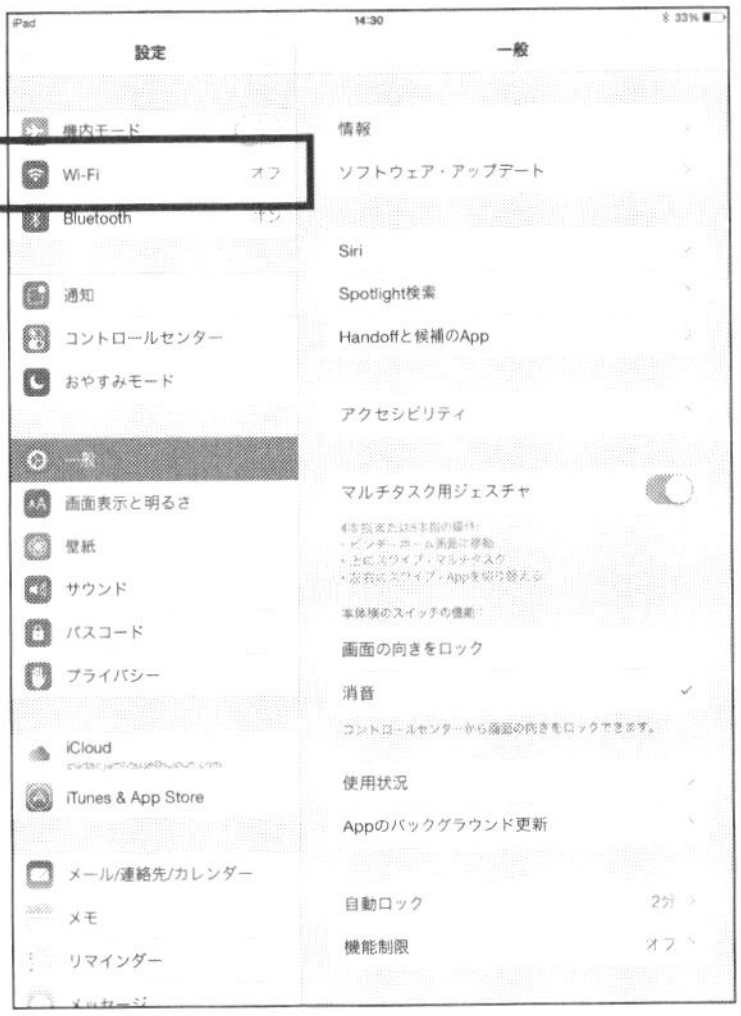

2. 「Wi-Fi」をタップする。

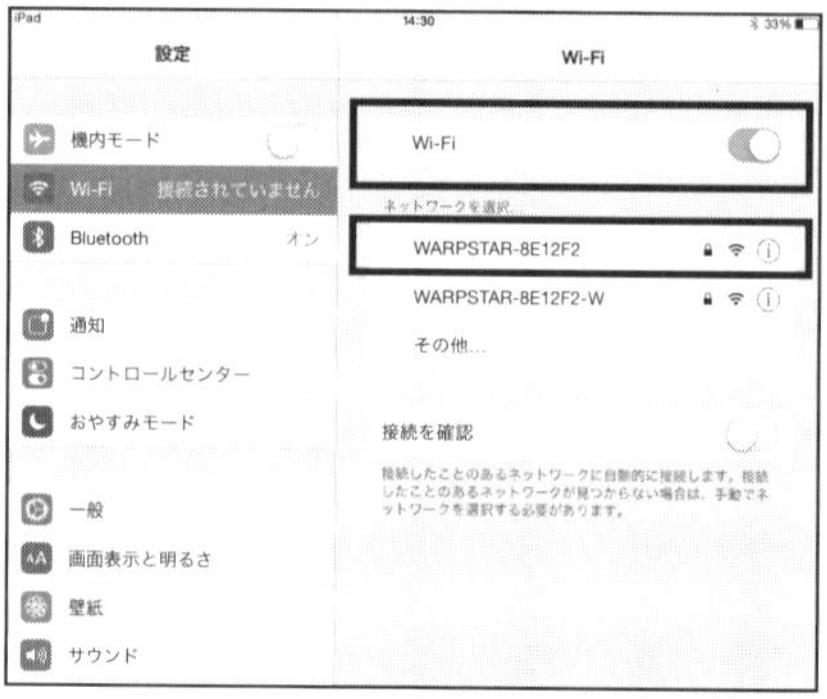

3. Wi-Fi がオンになっていることを確認したら、接続先の無線 LAN 親機の名前をタップする。

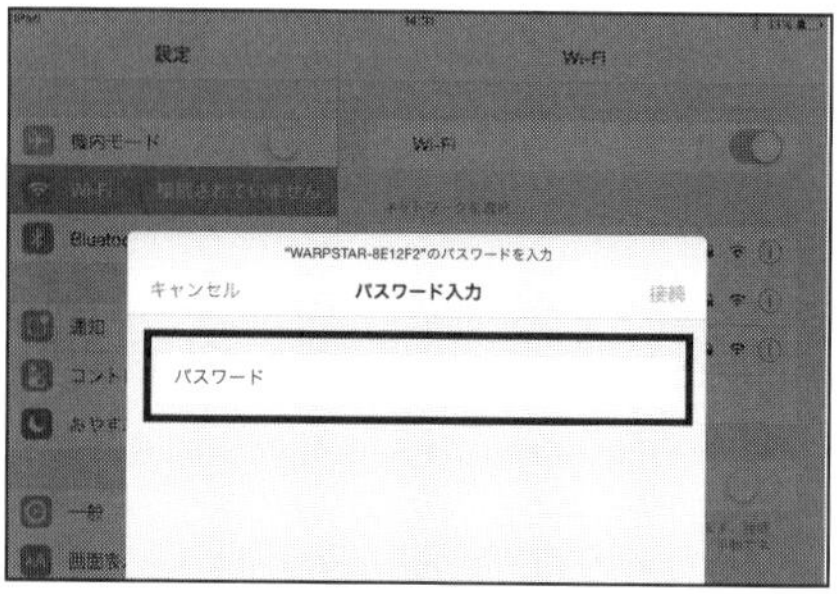

4. 「パスワード」を入力する。

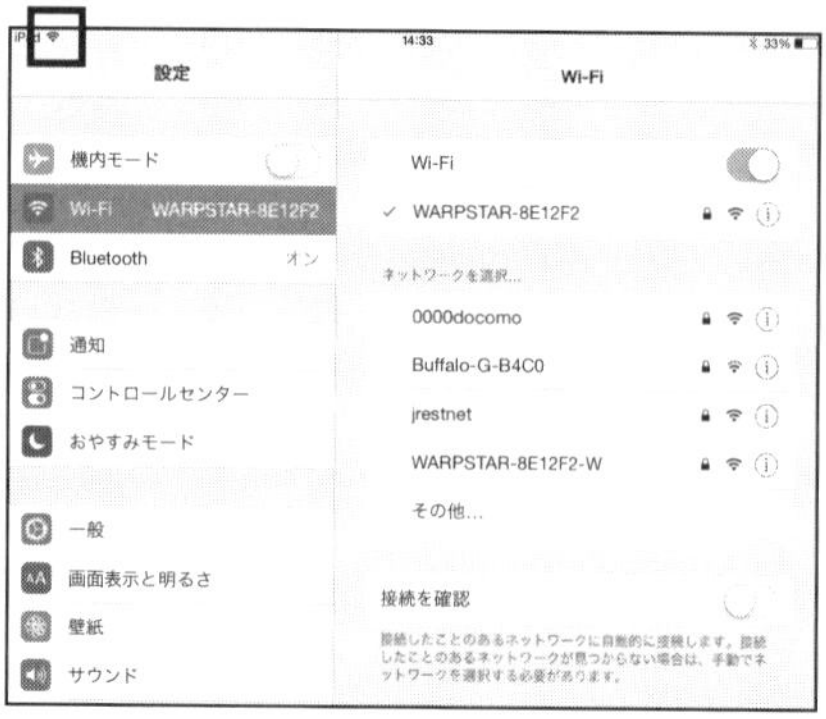

5. 接続が確立されたら、インターネット利用できるようになる。

02 付属のカメラで写真や動画を撮影する

iPadや、多くのタブレットPCには、最初からカメラ機能が搭載されている。写真、動画の撮影方法を確認しておこう。撮影した写真は、そのまま本体内に保存されるので、デジタルカメラのように撮影した後で取り込むという手間を省くことができる。

[Windows 8.1]

●写真を撮影する

1. スタート画面を表示したら、「カメラ」をタップする。

2. 被写体にカメラを向けて、「カメラ」のボタンをタップすると、撮影できる。

3. 動画を撮影するには、「ムービー」のボタンをタップする。

4. もう一度ボタンをタップすると、撮影が終了する。

保存先をチェック

撮影済みの写真や動画は、ユーザーフォルダーの「ピクチャ」内にある「カメラロール」フォルダーに保存されている。スタート画面の「フォト」あるいは「エクスプローラー」から開いて、確認してみよう。

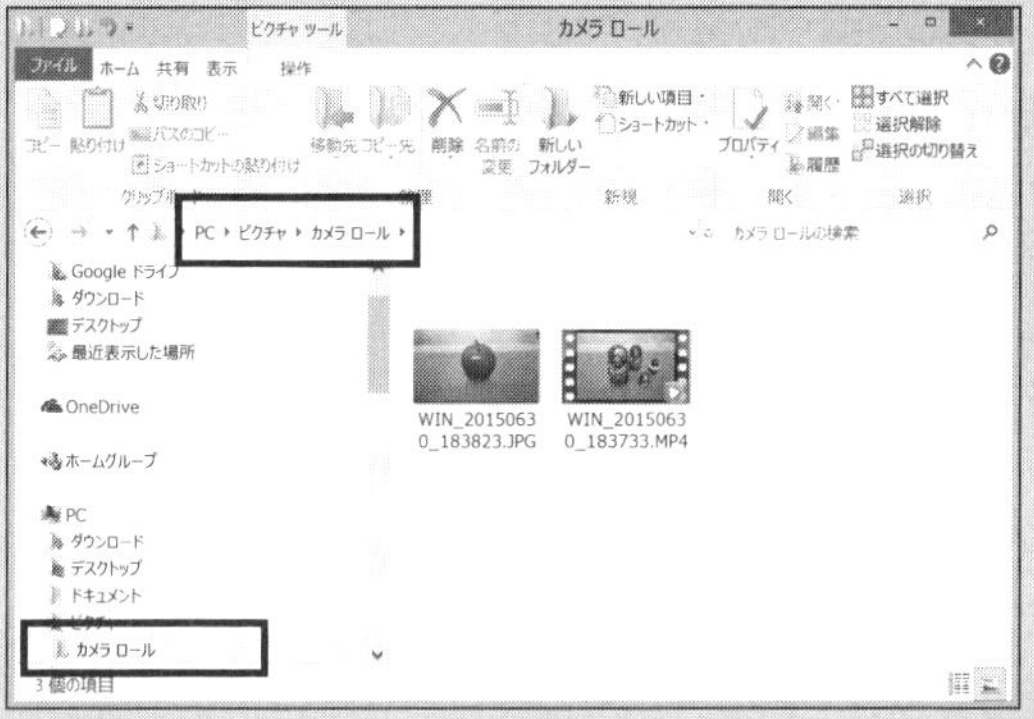

エクスプローラーから開く場合、「デスクトップ」⇨ユーザー名のフォルダー⇨「ピクチャ」⇨「カメラロール」のように展開すると、保存した写真や動画を見ることができる。

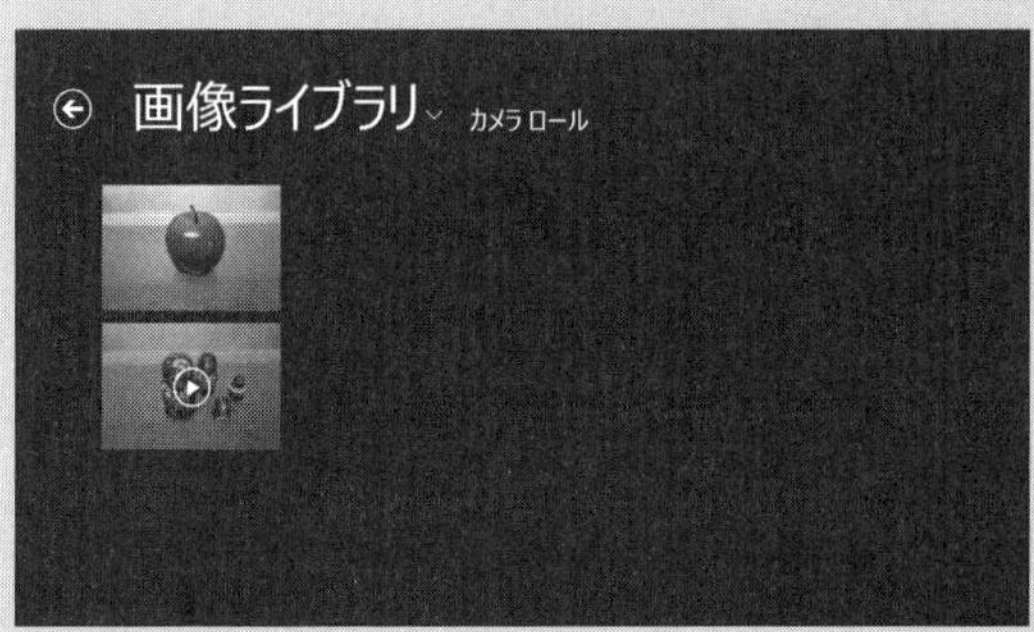

スタート画面から「フォト」をタップし、「カメラロール」をタップすると、保存した写真や動画を見ることができる。

[iPad]

●写真を撮影する

1. ホーム画面で「カメラ」をタップする。

2. シャッターボタンをタップすると、撮影ができる。

●動画を撮影する

1. 動画を撮影するには、撮影モードから「ビデオ」を選択し、シャッターボタンをタップする。

2. もう一度ボタンをタップすると、撮影が終了する。

保存先をチェック

撮影済みの写真や動画は、「写真」から確認できる。ホーム画面で「写真」をタップして、確認してみよう。

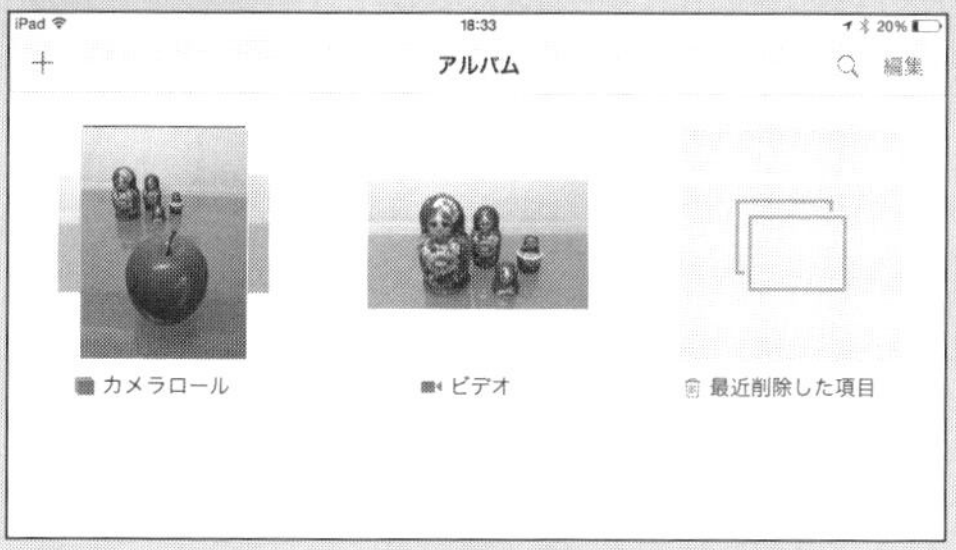

写真は、年別などの分類で表示されていることがある。タップして順に展開することで、目的の写真を見つけられる。

03 インターネットで情報収集する

付属のブラウザーソフトで、インターネットのサービスを利用する方法を確認しておこう。写真など、必要な資料をダウンロードすることができる。ここでは、Windows 8.1ではInternet Explorer、iPadではSafariを操作する手順で解説する。

[Windows 8.1]

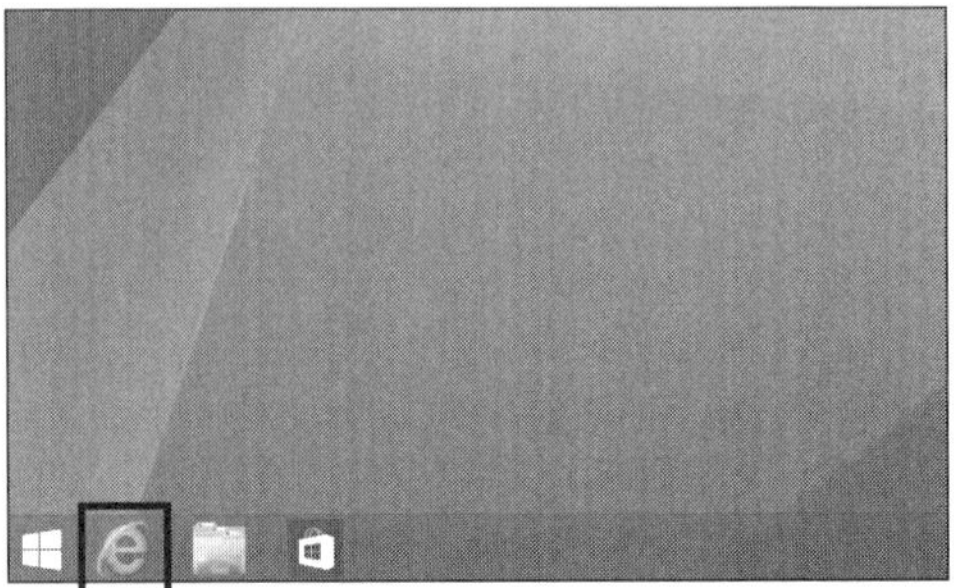

1. タスクバーの Internet Explorer アイコンをタップする。

2. Internet Explorer が表示される。上の入力欄に文字を入力すると、検索が実行できる。

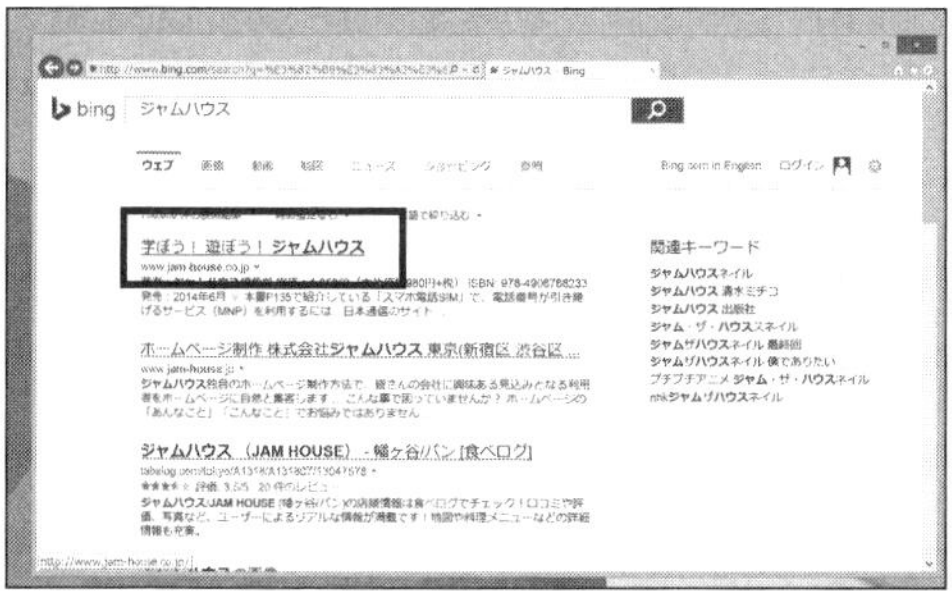

3. 目的のページが見つかったら、タップして表示しよう。

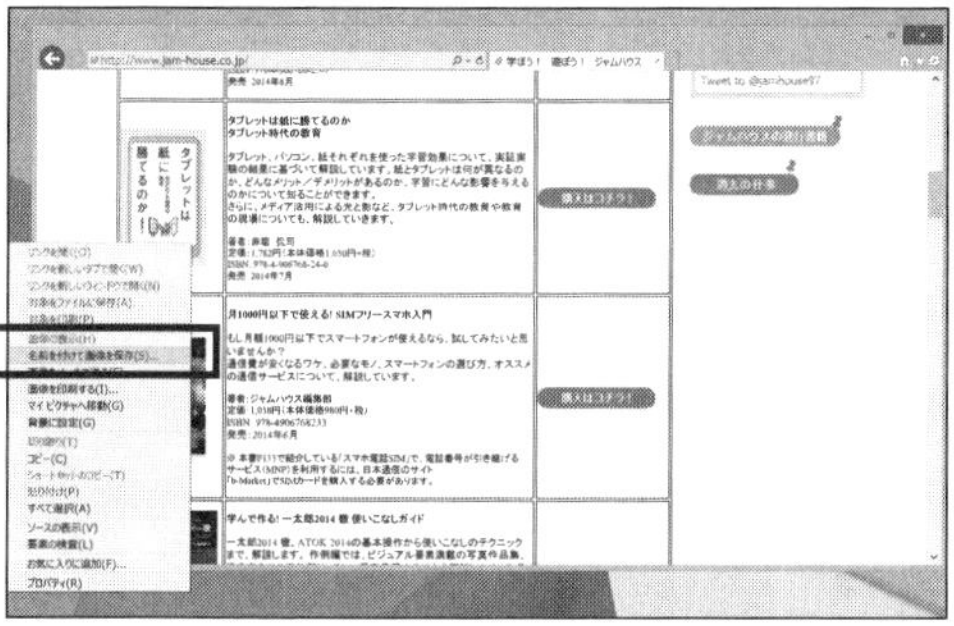

4. 必要な画像を見つけたら、画像を長押し（または右クリック）して、「名前を付けて画像を保存」を選択する。

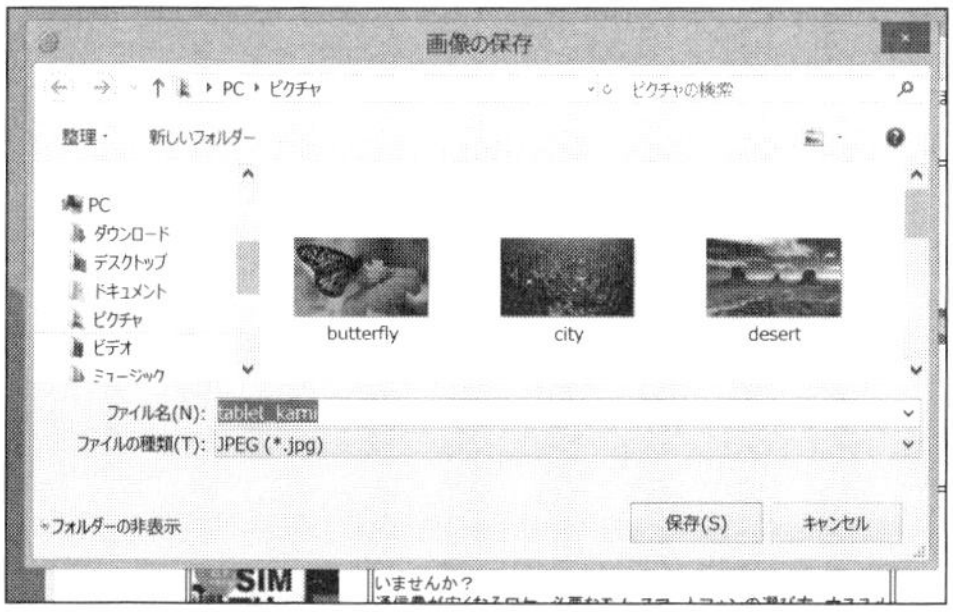

5. 選択した写真は、「ピクチャ」フォルダー内に保存されている。

［iPad］

1. ホーム画面で「Safari」をタップする。

2. 上の入力欄に文字を入力すると、検索が実行できる。目的のページが見つかったら、タップして表示しよう。

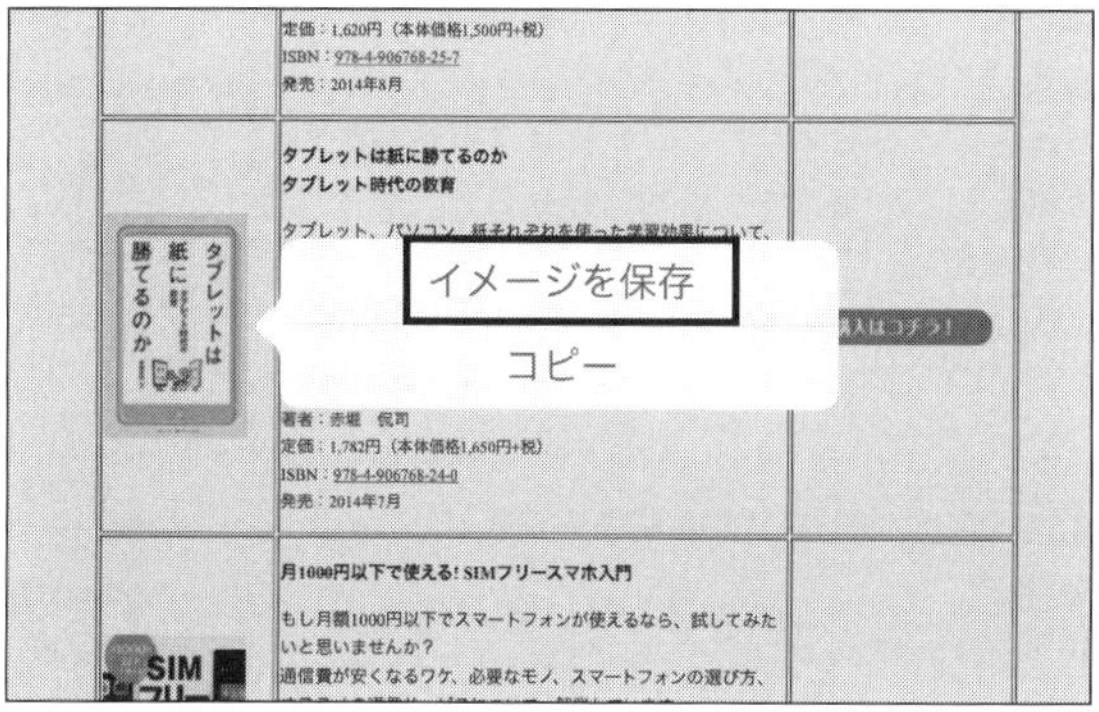

3. 必要な画像を見つけたら、画像を長押しして、「イメージを保存」を選択する。

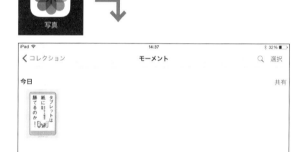

4. 保存した画像は、ホーム画面で「写真」をタップして、確認してみよう。

04 白板ソフトで資料を読んだり書いたりする

白板ソフトを利用すると、ファイルの資料に文字や図形を手書きしたり、写真やイラストを貼り付けたりできる。本書で紹介した教材の多くも、白板ソフトで作成している。作成した教材は、ファイルとして保存することができる。また、資料の作成過程を動画として記録することも可能なので、クラス内反転学習の教材作成に利用しやすい。
なお、白板ソフトはWindows版、Android版が提供されている。

［ソフト名］**白板ソフト（フリー版）**
［価格］**無料**
［対応OS］**Windows 8/7/Vista Android**
［提供］**株式会社マイクロブレイン**

［Windows 8.1］

●ダウンロードしてインストールする

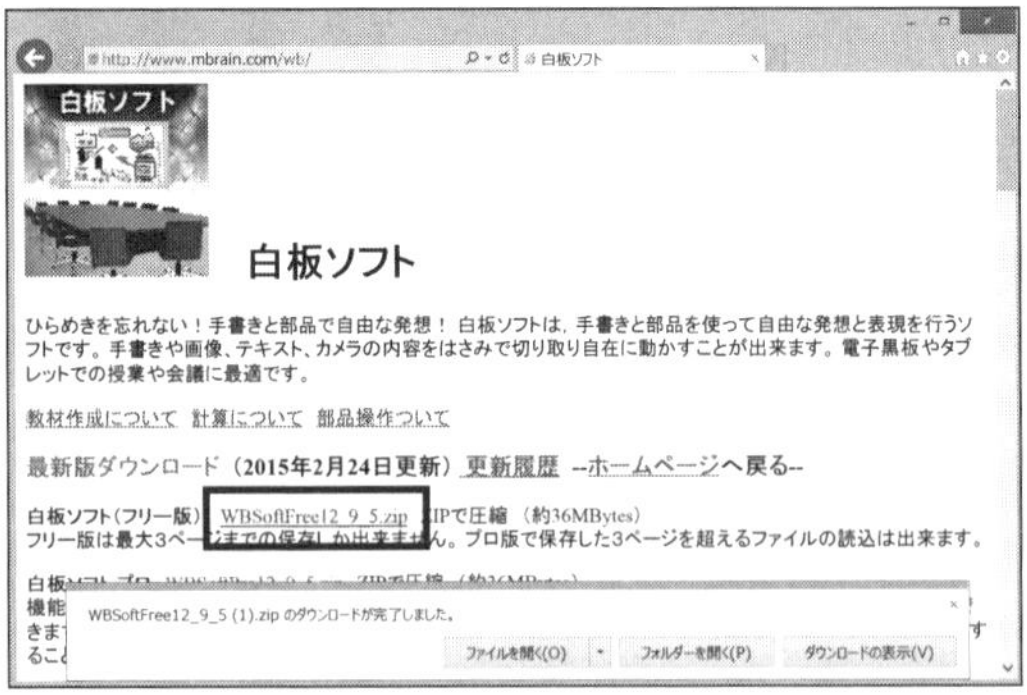

1. Internet Explorerで、白板ソフトの提供サイト（http://www.mbrain.com/wb/）にアクセスしたら、白板ソフト（フリー版）の最新版をタップする。

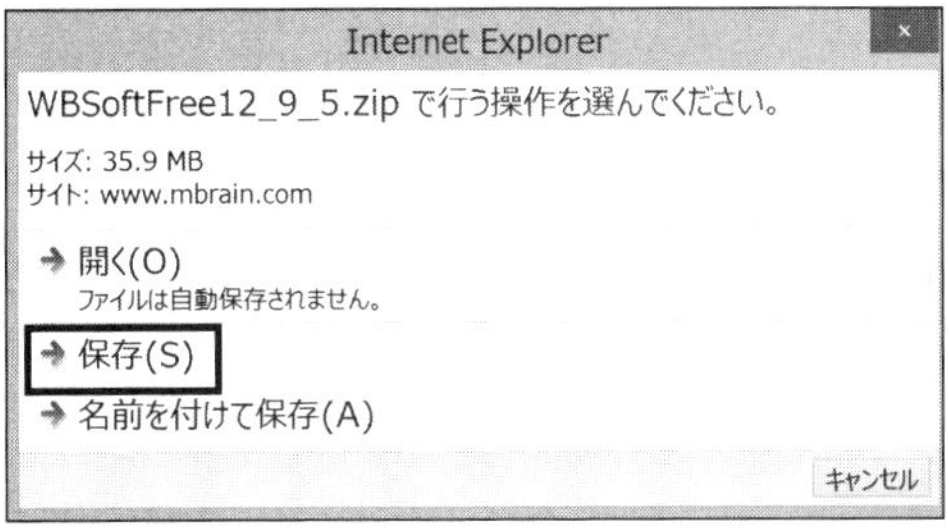

2.「保存」をタップする。

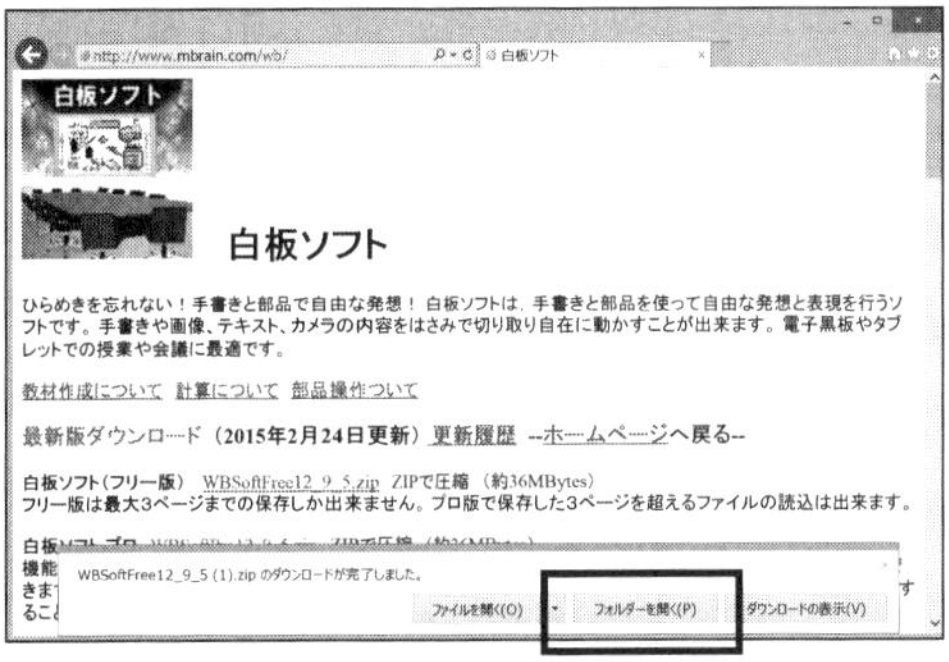

3. ダウンロードが完了したら、「フォルダーを開く」をタップする。

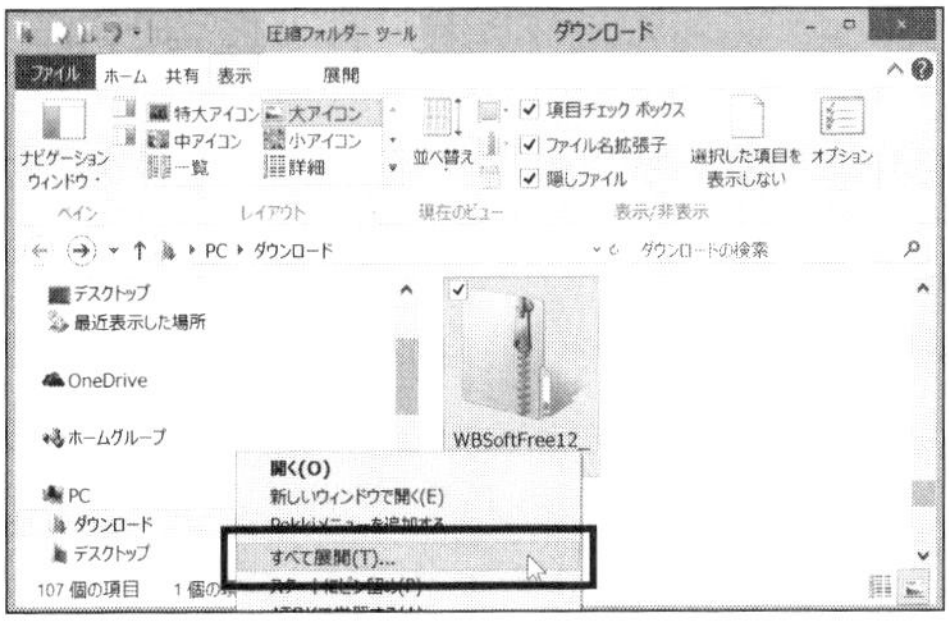

4. ダウンロードしたファイルを長押し（右クリック）して、「すべて展開」をタップする。

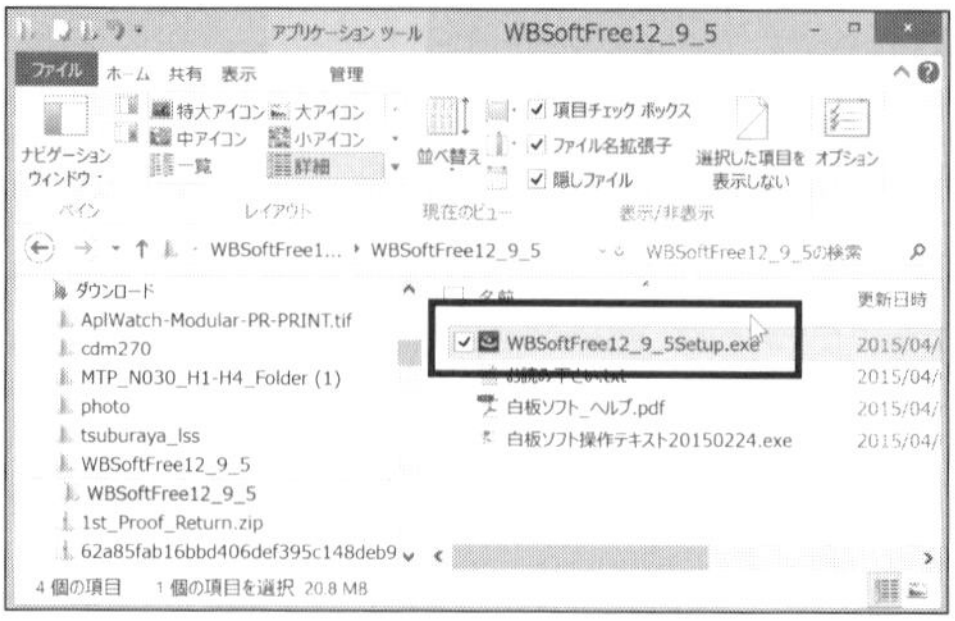

5. 「WBSoftFree12_9_5Setup.exe」のような実行形式のファイルをダブルタップする。

6. インストールがスタートするので、手順に沿ってインストールを行う。

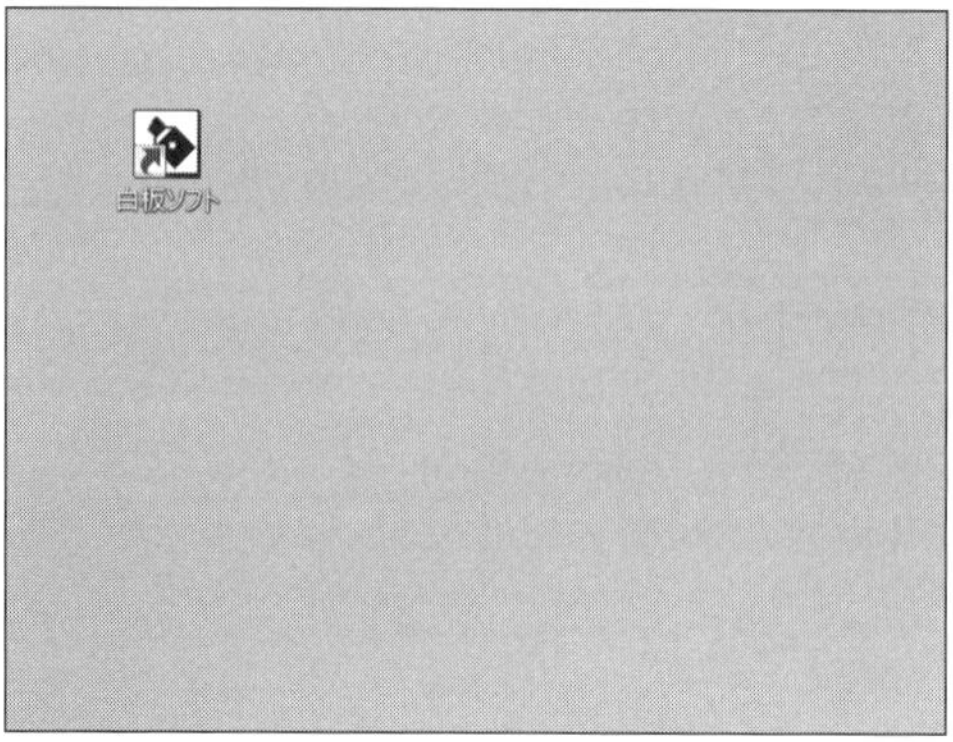

7. インストールが完了したら、デスクトップにできたアイコンをダブルタップして起動する。

●白板ソフトに文字を手書きする

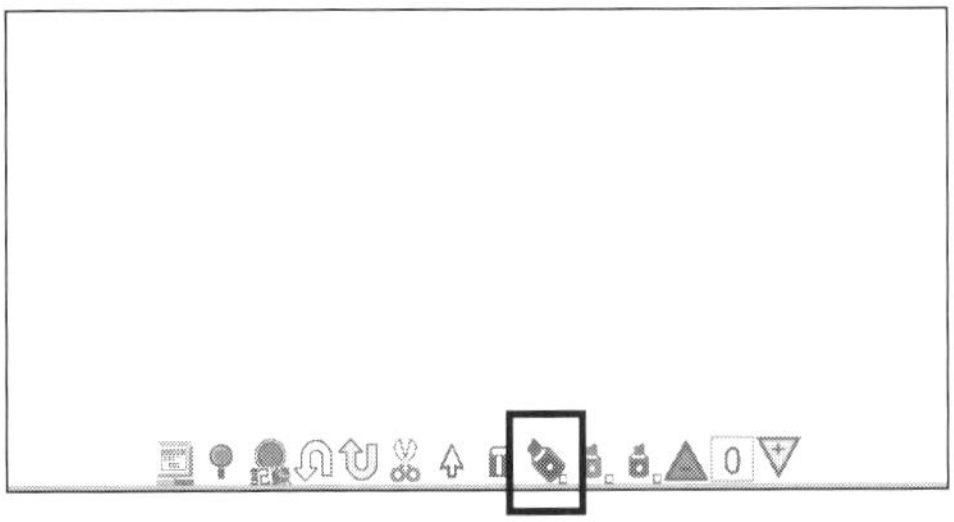

1.「ペン」アイコンをタップする。

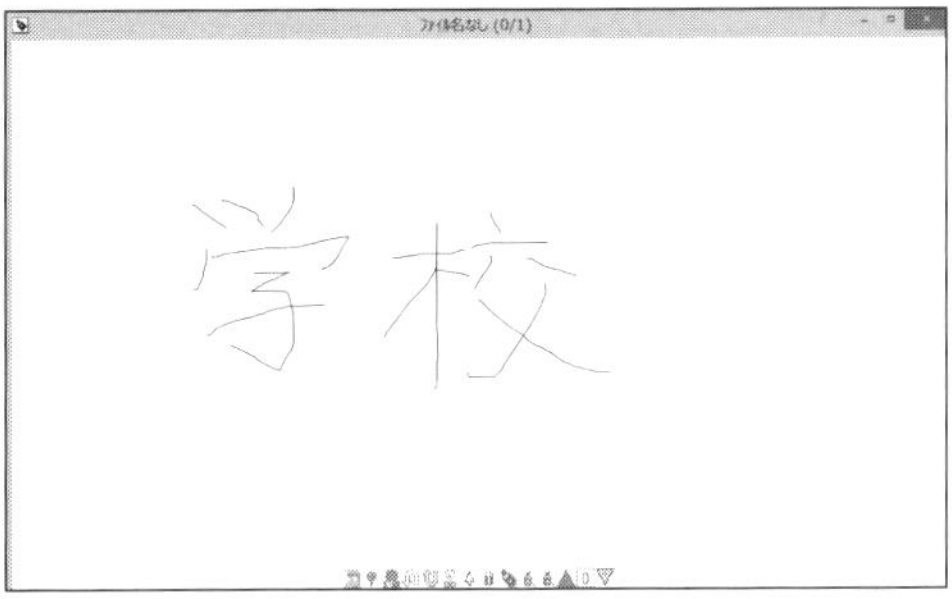

2. 画面上でドラッグすると、文字や絵を手書きできる。

ペンの種類や色を選択

ペンアイコンをタップして、パレットが表示されたら、ペンのサイズや色、透明度を自由に選択できる。

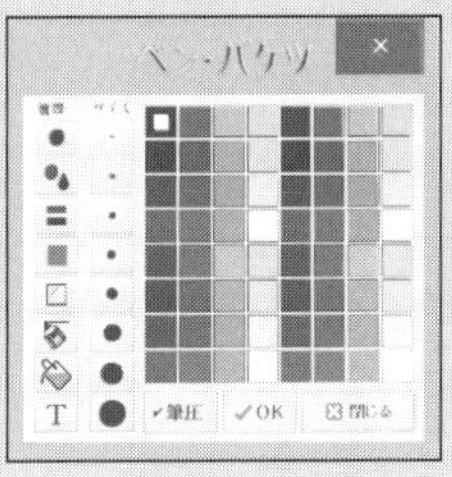

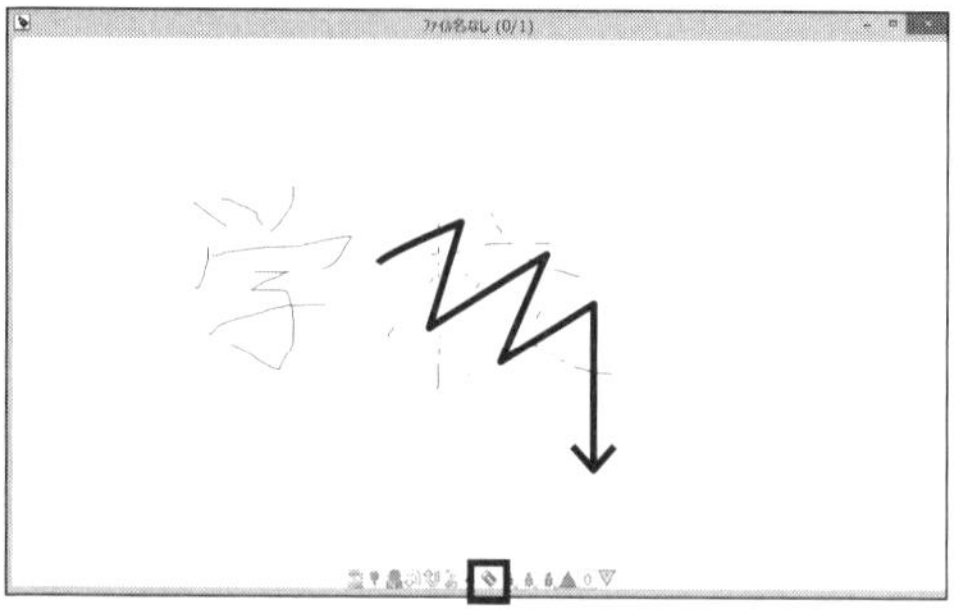

3. 修正したいときには、消しゴムアイコンをタップする。ドラッグすると、書いた線を消すことができる。

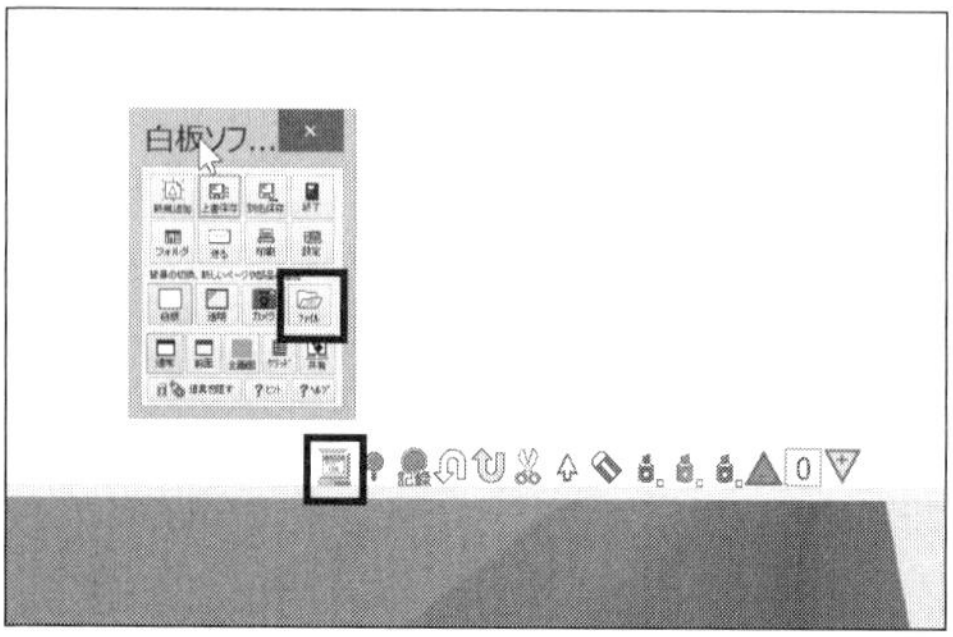

●白板ソフトにイラストを貼る

1.「ダイアログ」アイコンをタップして、「ファイル」をタップする。

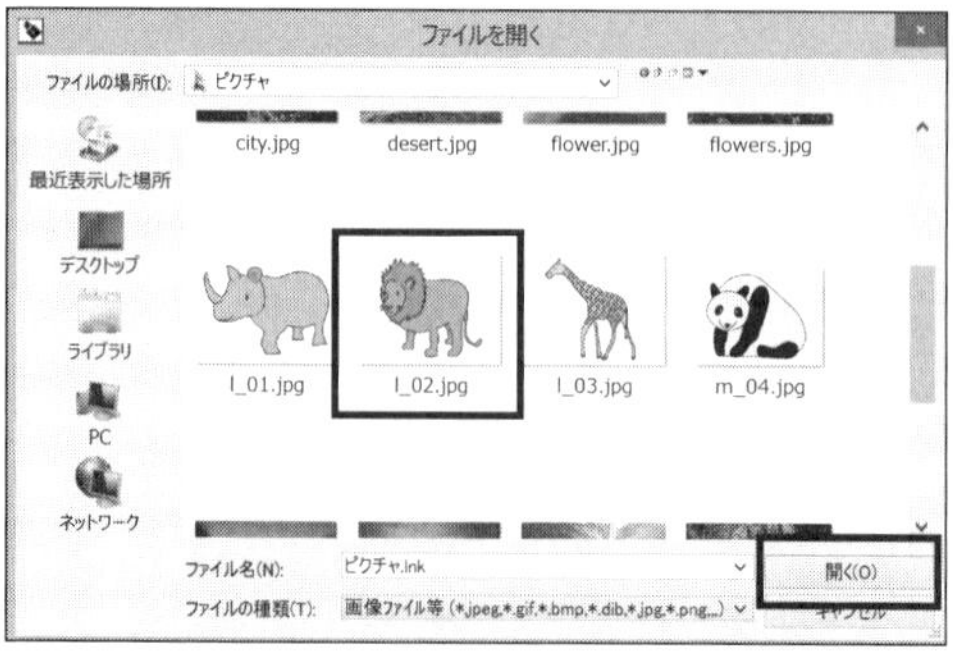

2. あらかじめ保管しておいたイラストを選んで、「開く」をタップする。

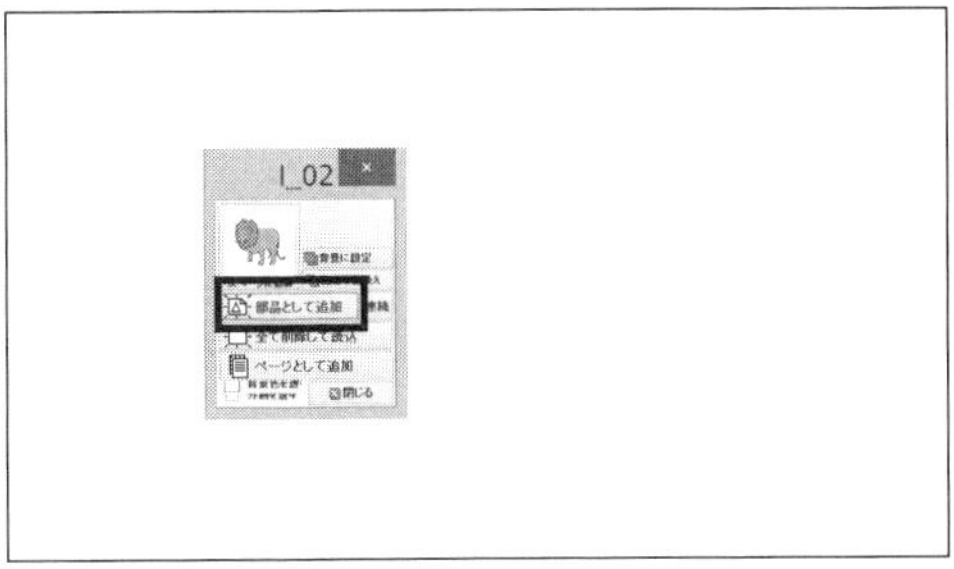

2. 選択したイラストが表示されたら、「部品として追加」をタップする。

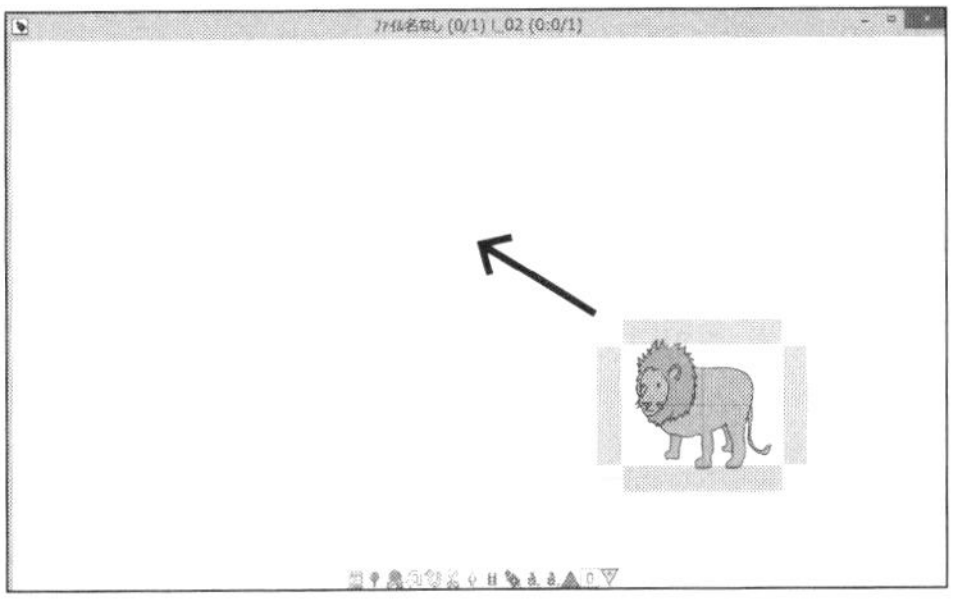

3. ドラッグして移動して位置を決める。

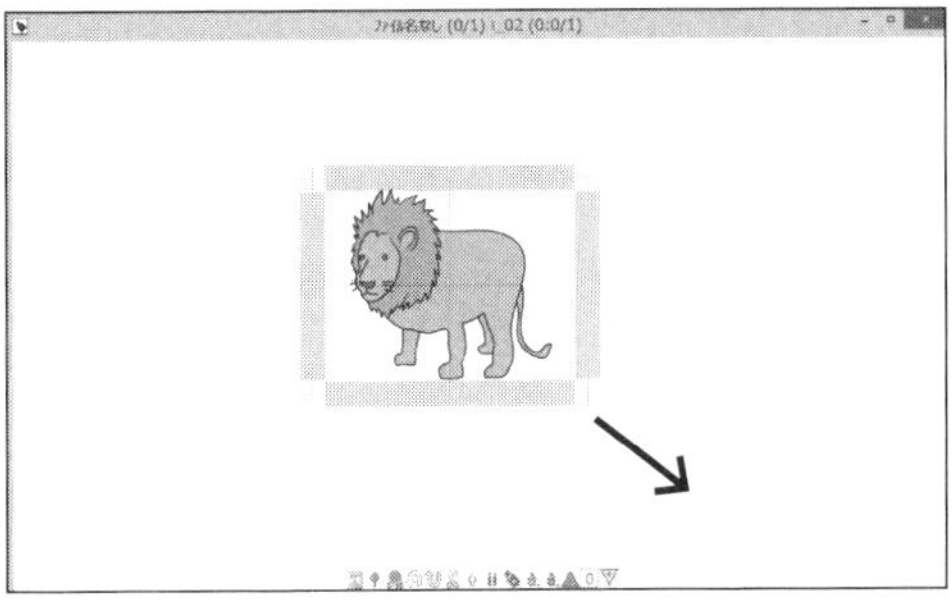

4. 周辺をドラッグすると、サイズを調整できる。

●図形に色を塗る

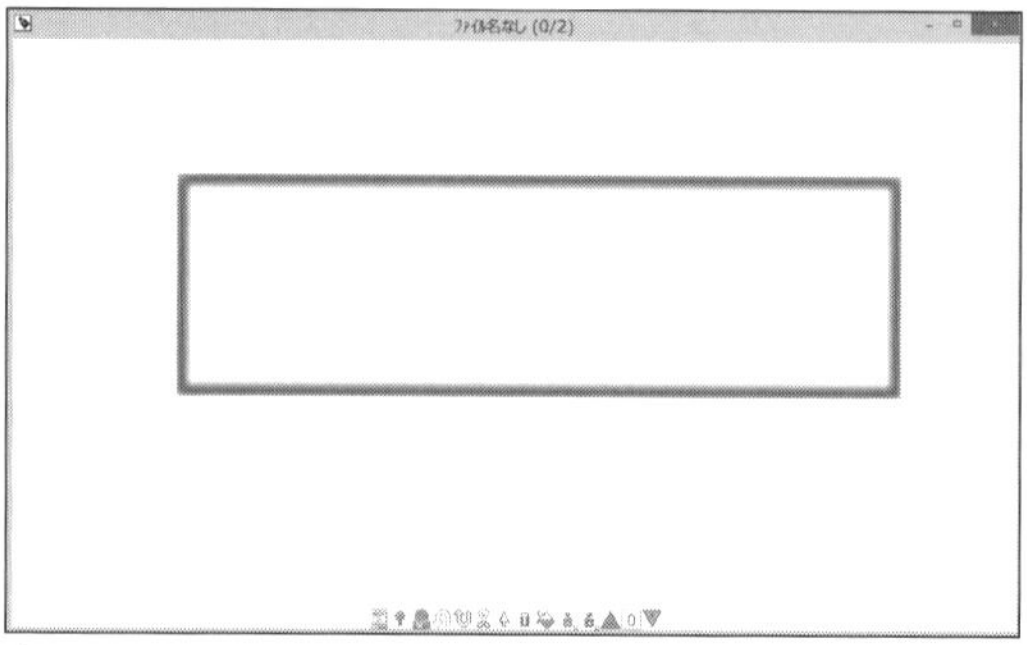

1. 白板ソフトで描いた図形や、他のアプリからコピーして貼り付けて図形には色を塗ることができる。Excel で作成した図形の色を変更したり、白地図に色を塗ったりしてみよう。

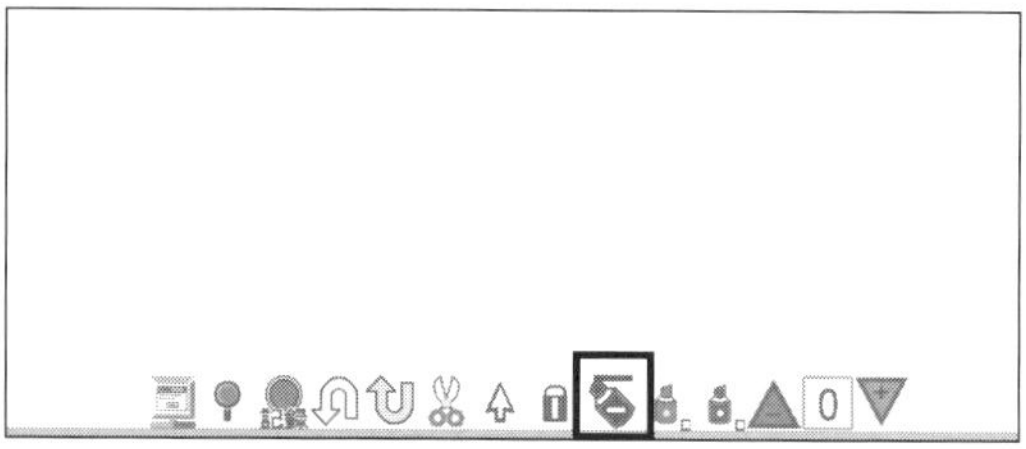

2.「ペン」アイコンをタップする。

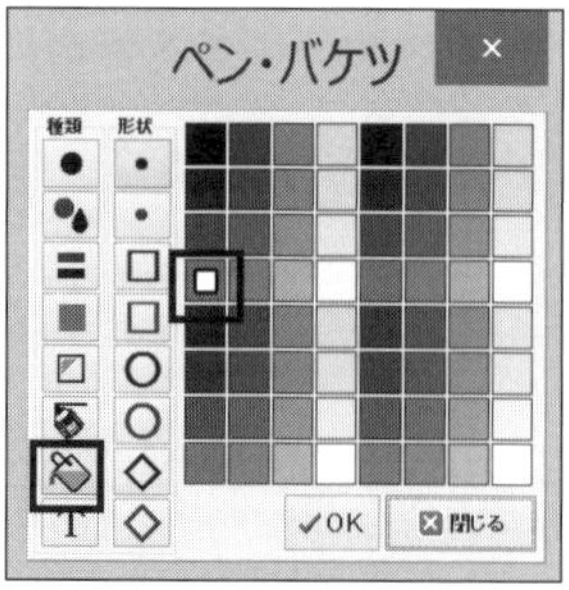

3. パレットから「バケツ」を選択し、塗る色を指定する。

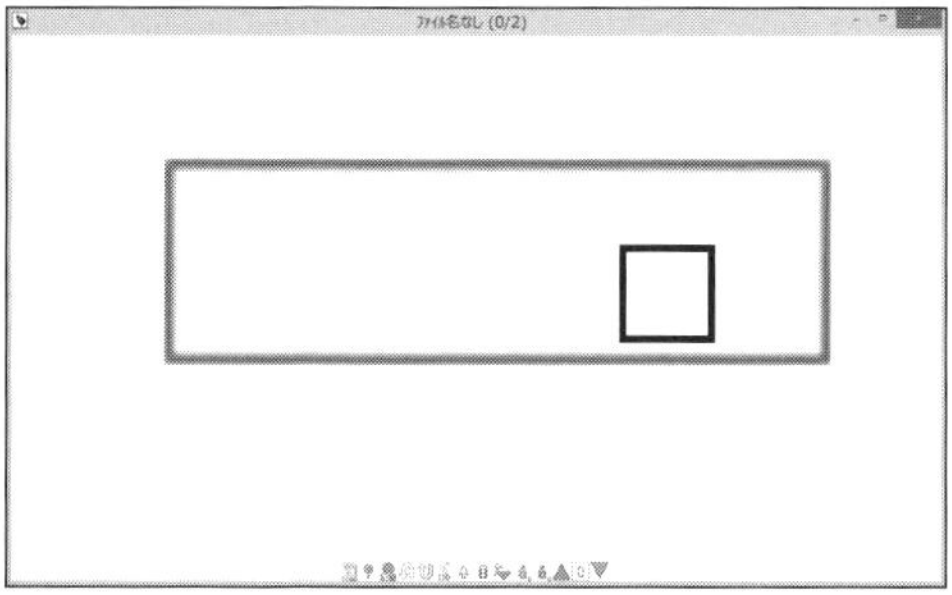

4. 図形の上でタップする。

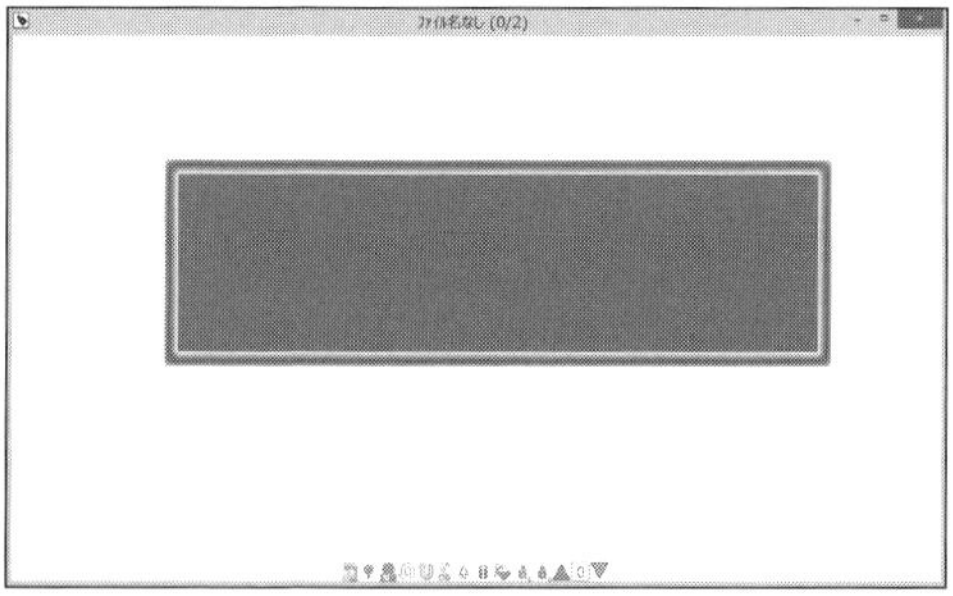

5. 図形が指定した色で、まとめて塗られる。

塗りつぶしできるのは、線で閉じられた範囲。線がつながっていない箇所があると、そこから色がはみ出してしまうので、注意しよう。

アプリ間でイラストをコピー

白板ソフトに貼り付けた画像は、コピーして貼り付けることで、増やすことができる。イラストを選択したら、次の操作を順に試してみよう。

[Ctrl]＋[C]キー＝コピー

[Ctrl]＋[V]キー＝貼り付け

同様の操作は、アプリ間でも行える。たとえば、教材をあらかじめPowerPointで作っておき、そこからイラストなどの素材を貼り付けていくことができる。この方法なら、使い慣れたOfficeソフトで資料を用意することが可能になる。

PowerPoint で作成済みの資料でイラストを選択したら、[Ctrl]＋[C] キーを押す。

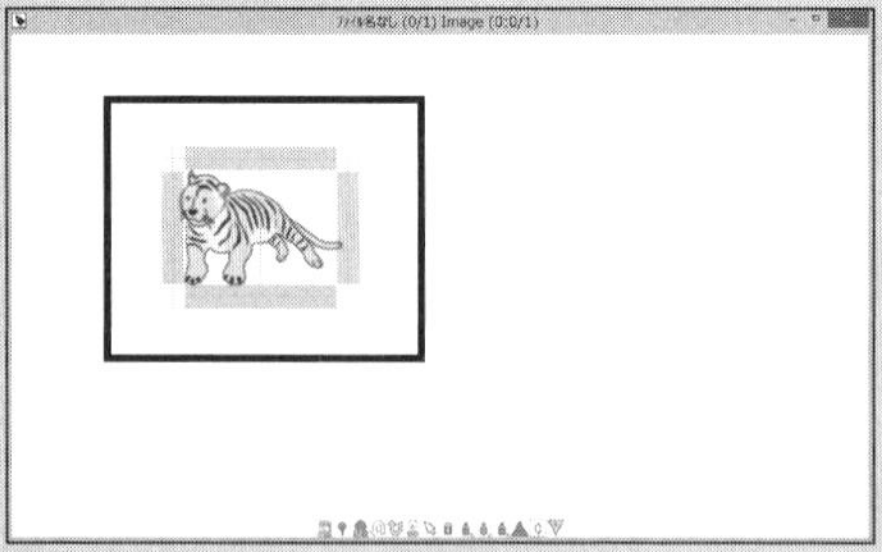

白板ソフトに切り替えたら、[Ctrl]＋[V] キーを押して、貼り付ける。なお、複数イラストをまとめて選択した場合、1 枚の画像になってしまうので要注意。

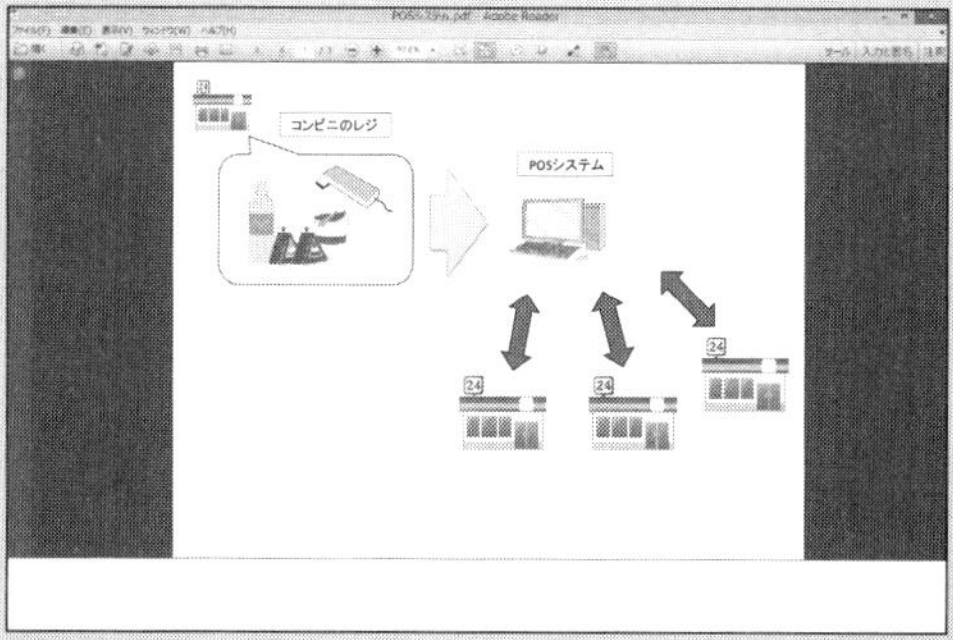

PDF などのイメージを全面的にコピーしたいときには、ファイルを全画面に表示して、「PrintScreen」キーを押す（パソコンによっては、「PrtSc」の表記になっていたり、同時に「Fn」キーを押したりする）。
全画面をコピーしたときも、[Ctrl]+[V]キーを押して、貼り付けできる。
なお、Adobe Reader を使用している場合、[Ctrl]+[L]キーを押すと、全画面表示になる。

●ファイルを保存する

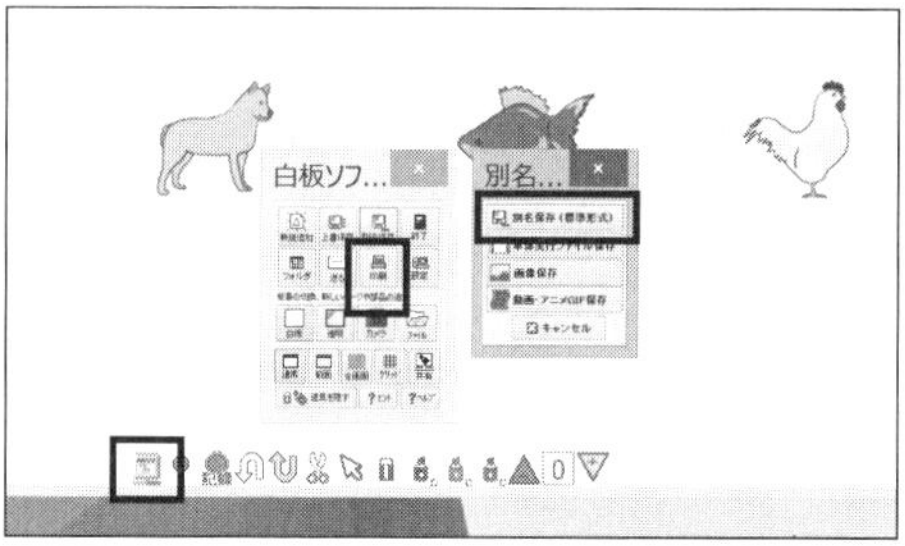

1.「ダイアログ」アイコンをタップし、「別名保存」をタップ。「別名保存（標準形式）」をタップする。

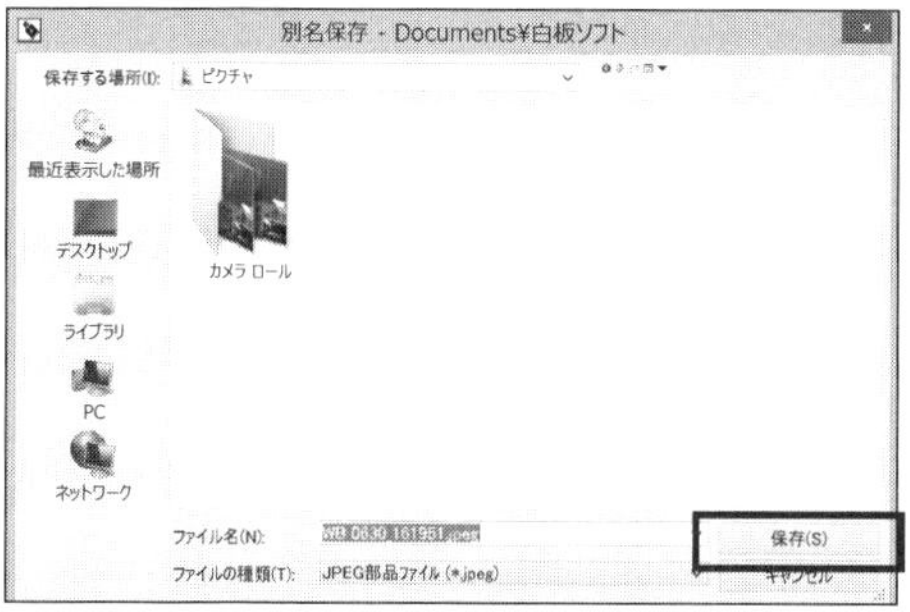

2. 保存場所に移動して、ファイル名を入力したら、「保存」をクリックする。

●ファイルを読み込む

1. 保存したファイルを読み込んでみよう。ダイアログアイコンをタップする。

2.「新規追加」をタップする。

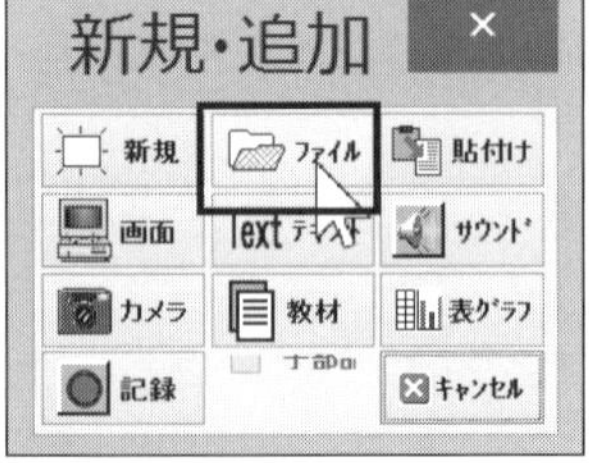

3.「ファイル」をタップする。

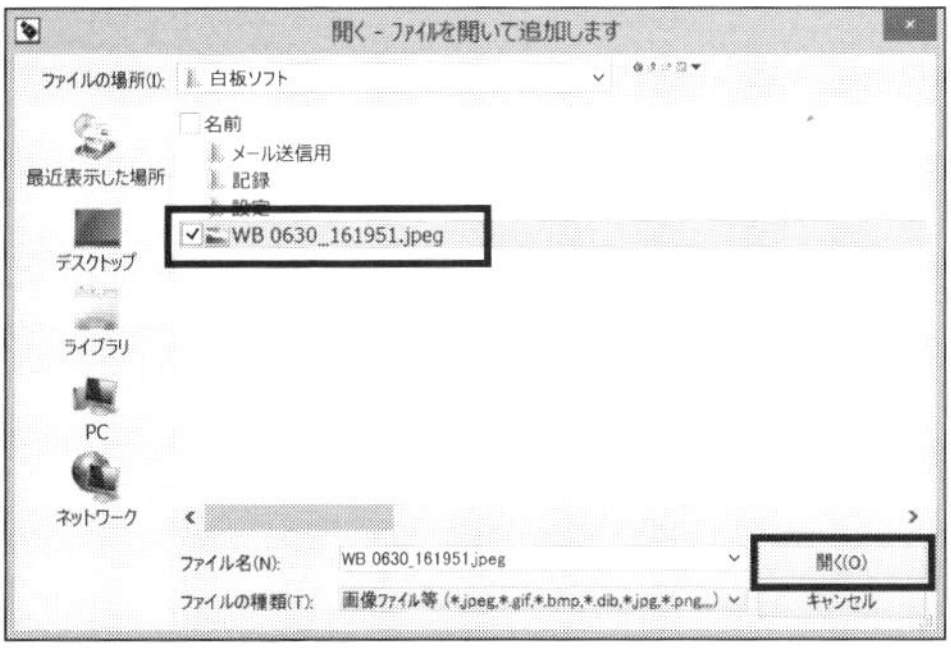

4. 保存済みのファイルを選択する。

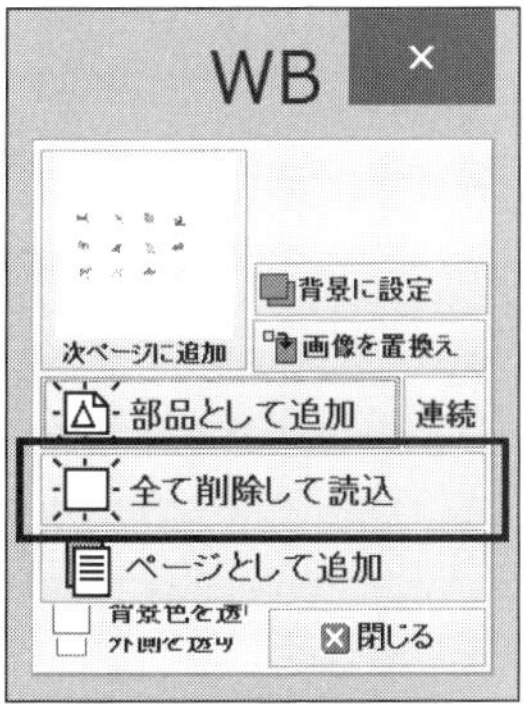

5.「全て削除して読込」をタップする。

「全て削除して読込」をタップすると、保存時の状態で読み込みできる。ただし、編集画面に書きかけの文字や絵がある場合、削除されてしまうので注意しよう。

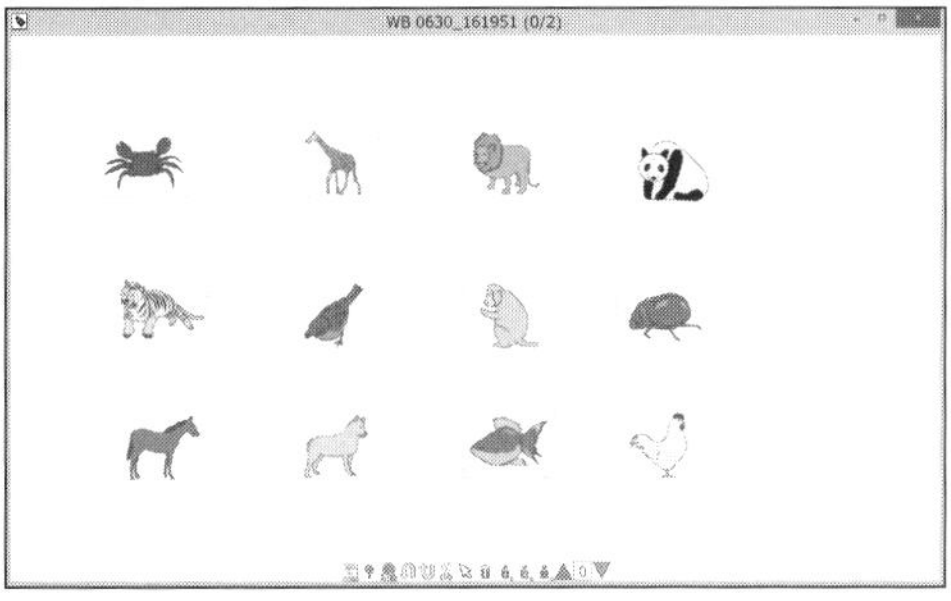

4. 標準の「jpeg」形式で保存したファイルなら、この後再編集が可能だ。

●動画を保存する

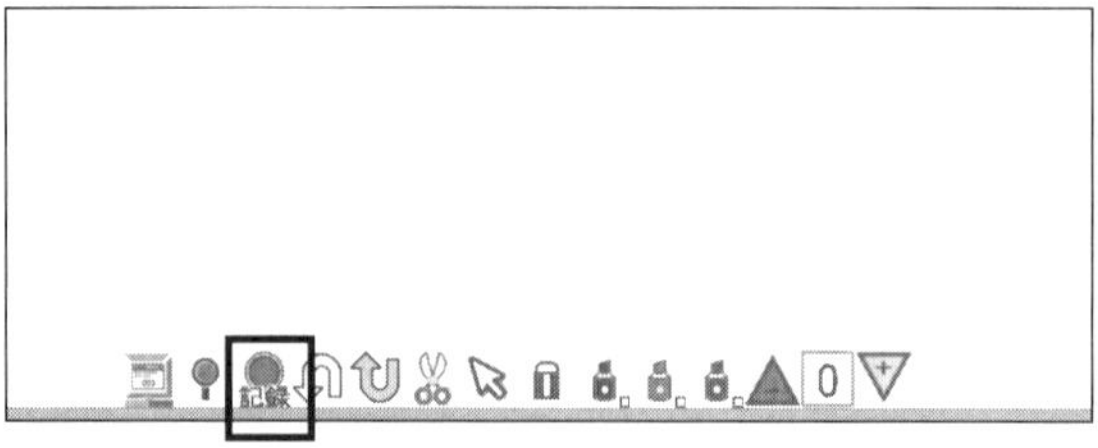

1.「記録」をタップする。

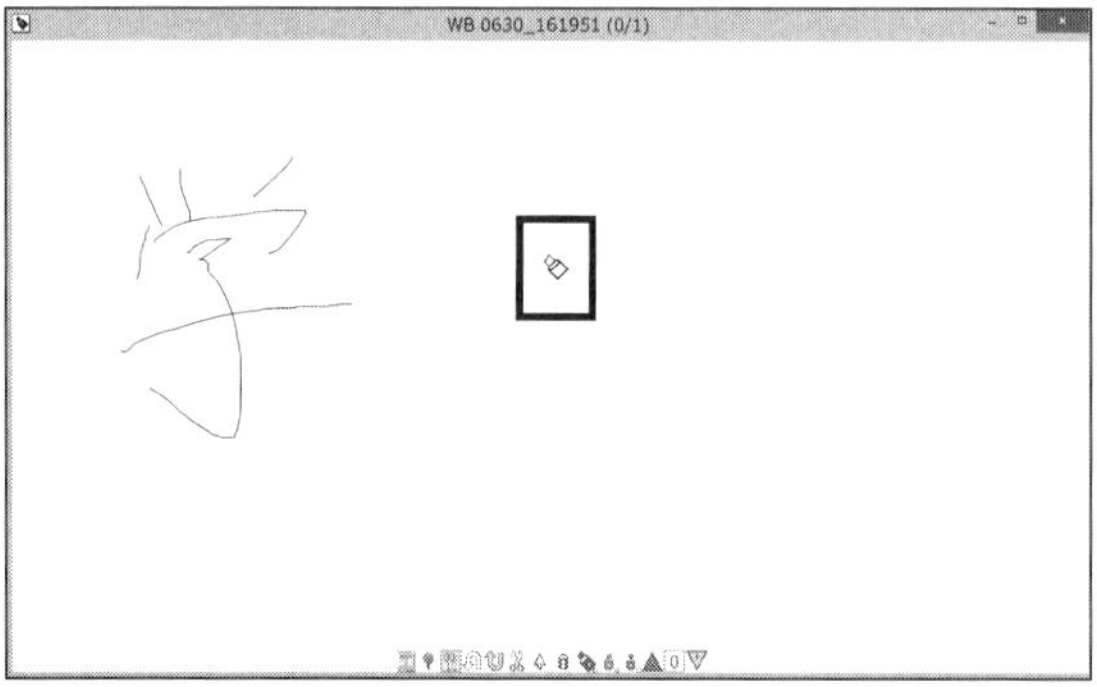

2. 白板ソフト上で操作して、記録を開始する。

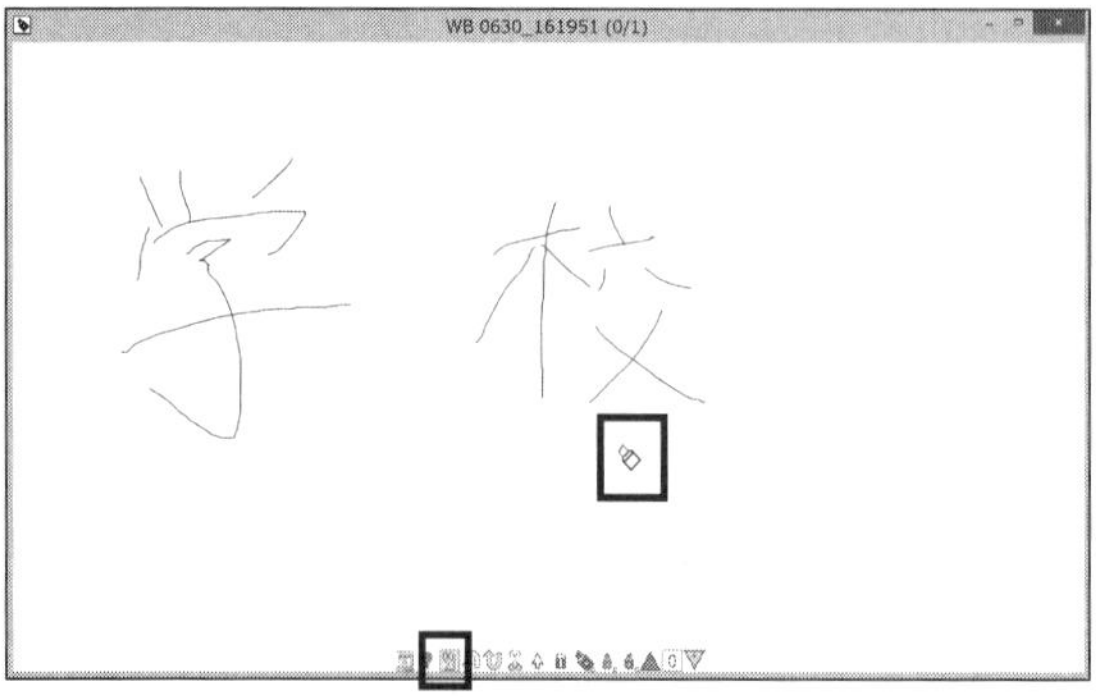

3. 操作が終了したら、タップする。

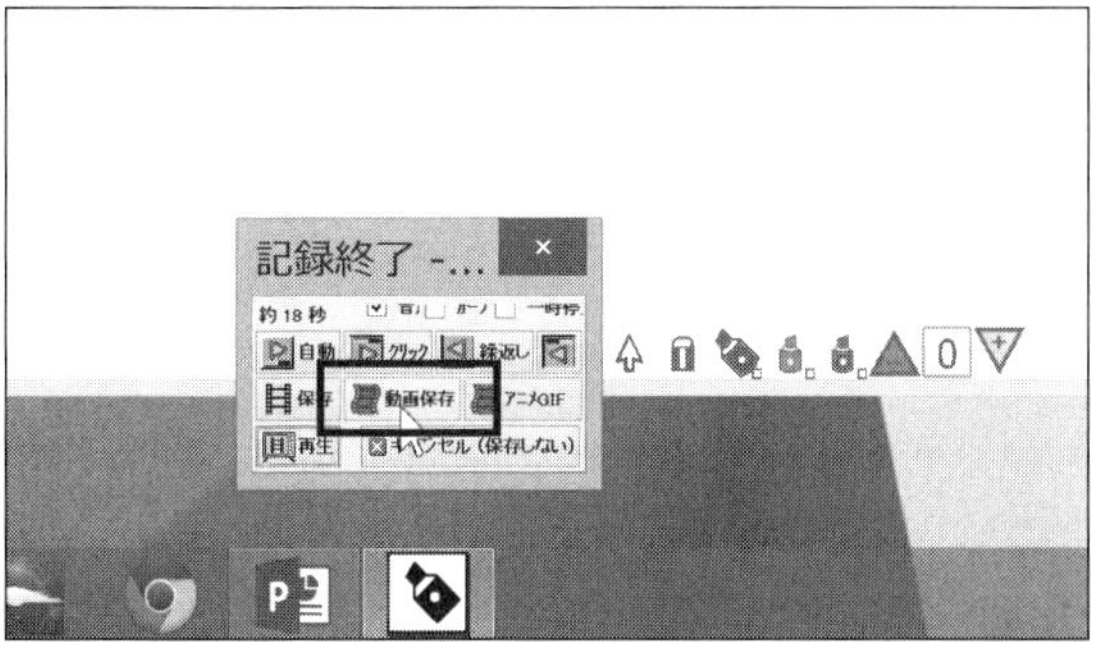

4.「動画保存」をタップする。

5. サイズを確認したら、「OK」をクリックする。

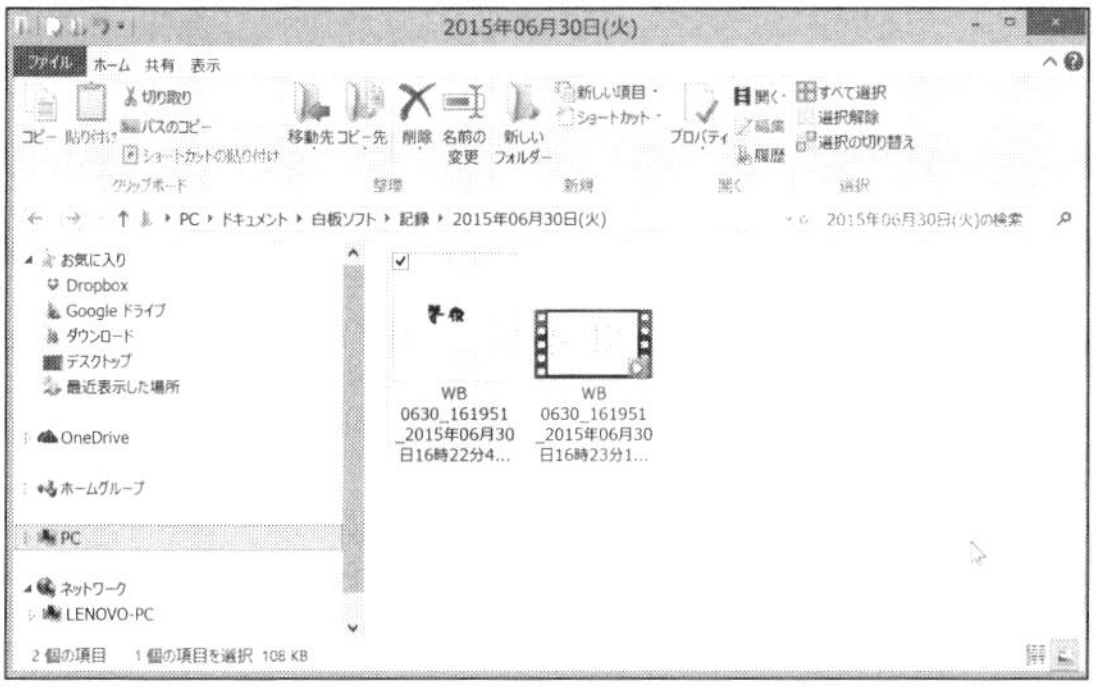

6. 作成済みファイルは、「PC」⇨「ドキュメント」⇨「白板ソフト」⇨「記録」フォルダー内に保存されている。

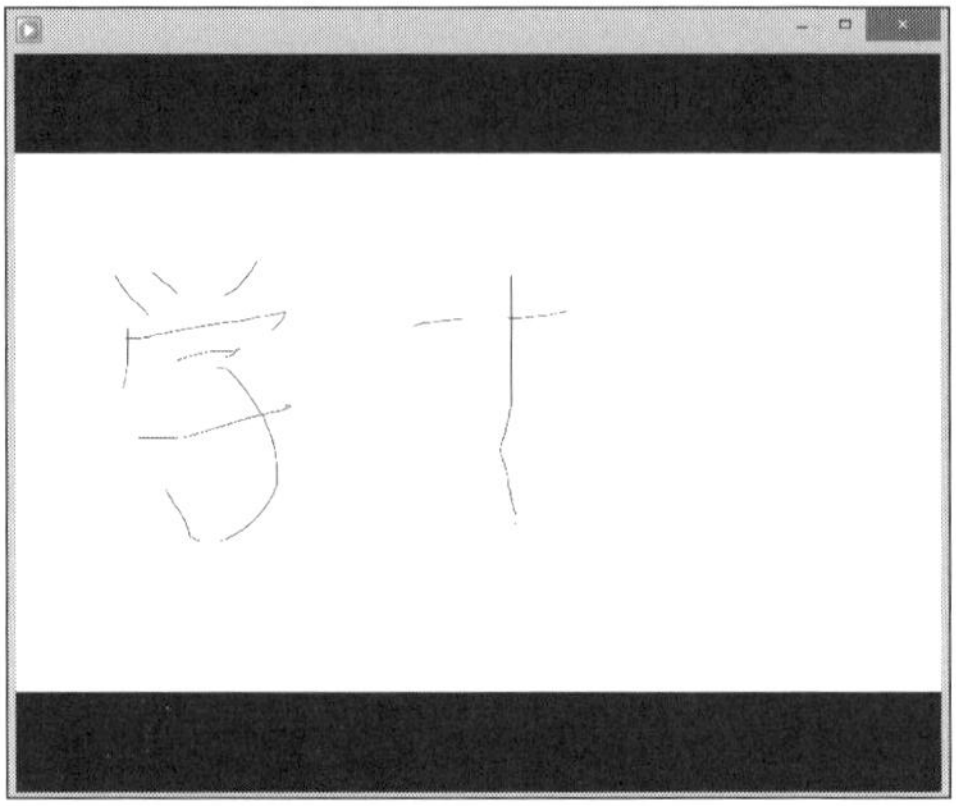

7. 保存ファイルをダブルタップすると、Windowsメディアプレイヤーなどのアプリで再生が始まる。

Excelでブロックを作る

本書では、あらかじめExcelで作成した図形を白板ソフトに貼り付けた教材も紹介している。Excelで図形を作成する方法を確認しておこう。このとき、塗りつぶし方法で色を設定することができる。

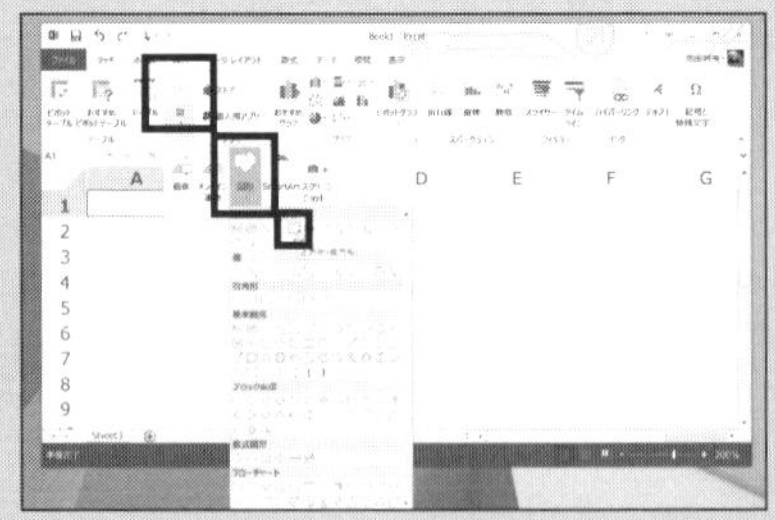

Excelの「挿入」タブを選択したら、「図」⇨「図形」⇨「正方形/長方形」を選択する。

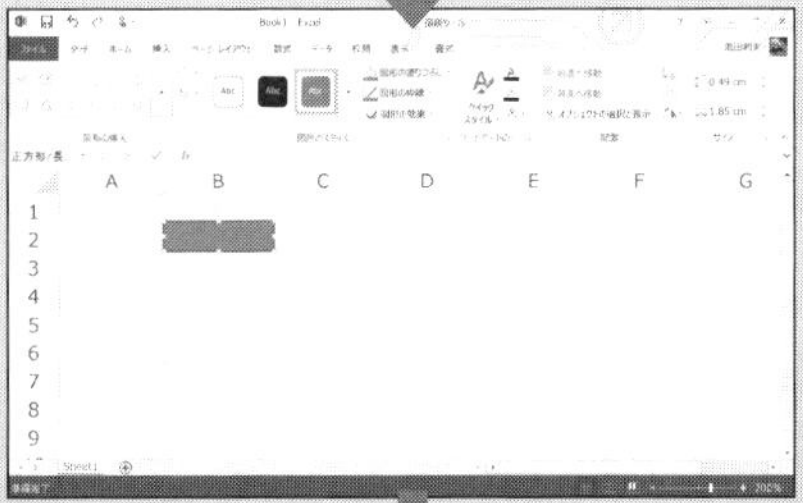

ドラッグすると、図形を描ける。このとき、セルの枠線を下絵にすると、整った図形を描くことができる。

図形を長押し（右クリック）して、「図形の書式設定」を選択する。

「塗りつぶし」を選択し、塗りつぶしの方法や色を設定する。
作成した図形を選択した状態でCtrl+Cキーを押してコピーし、白板ソフトに切り替えてCtrl+Vキーを押すと貼り付けられる。

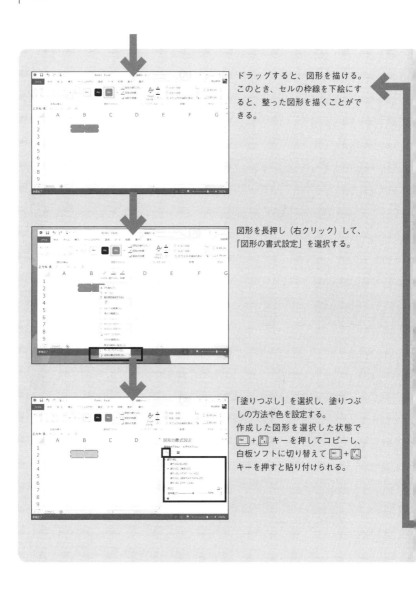

05 MetaMoJi Note Liteで学習資料を用意する

本書では、白板ソフトで作成した教材を多く紹介しているが、同様の操作は他のアプリでも行うことができる。ここで紹介するMetaMoJi Note Liteでも、資料に文字や図形を手書きしたり、写真やイラストを貼り付けて、ドラッグ操作で動かしたりすることが可能だ。

［ソフト名］MetaMoJi Note Lite
［価格］無料
［対応OS］Windows 8.1/8（Windowsストアアプリ）
iOS 6.0 以降
Android
［提供］株式会社 MetaMoJi

［Windows 8.1］

●ストアからインストールする

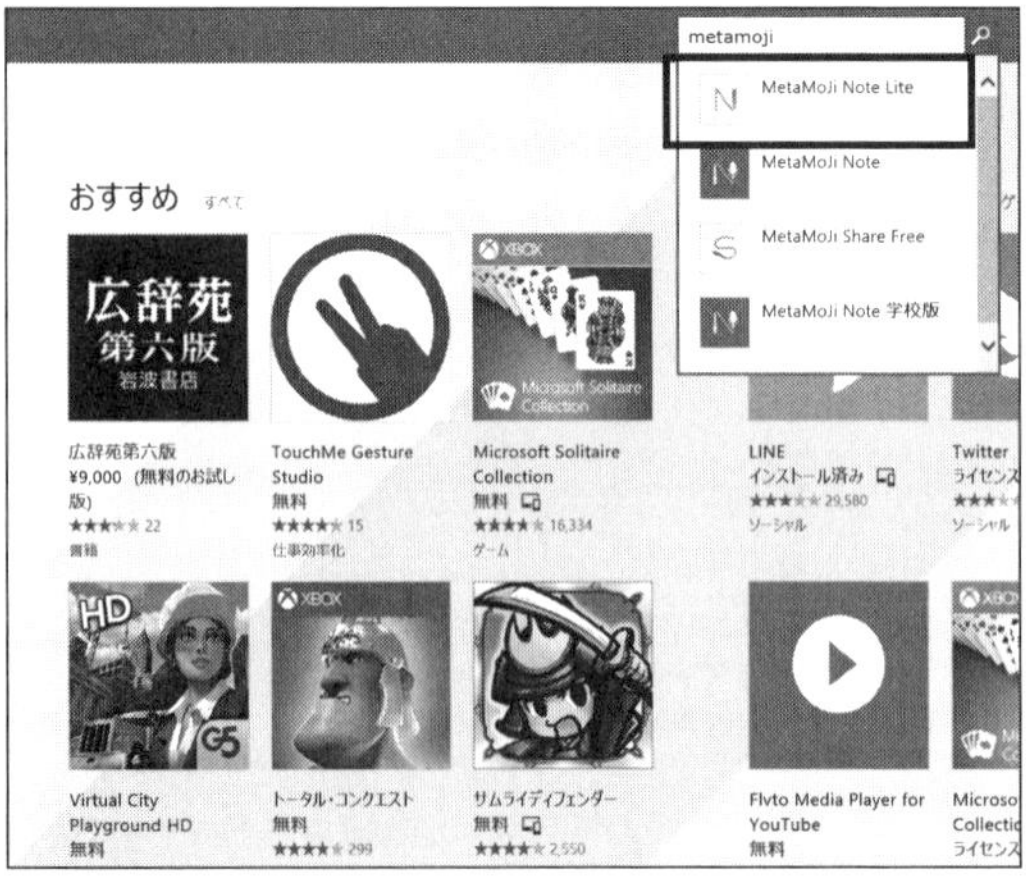

1. Windows版は、Windowsストアアプリとして提供される。スタート画面から「ストア」を表示したら、「metamoji」と入力して検索。「MetaMoJi Note Lite」を選択する。

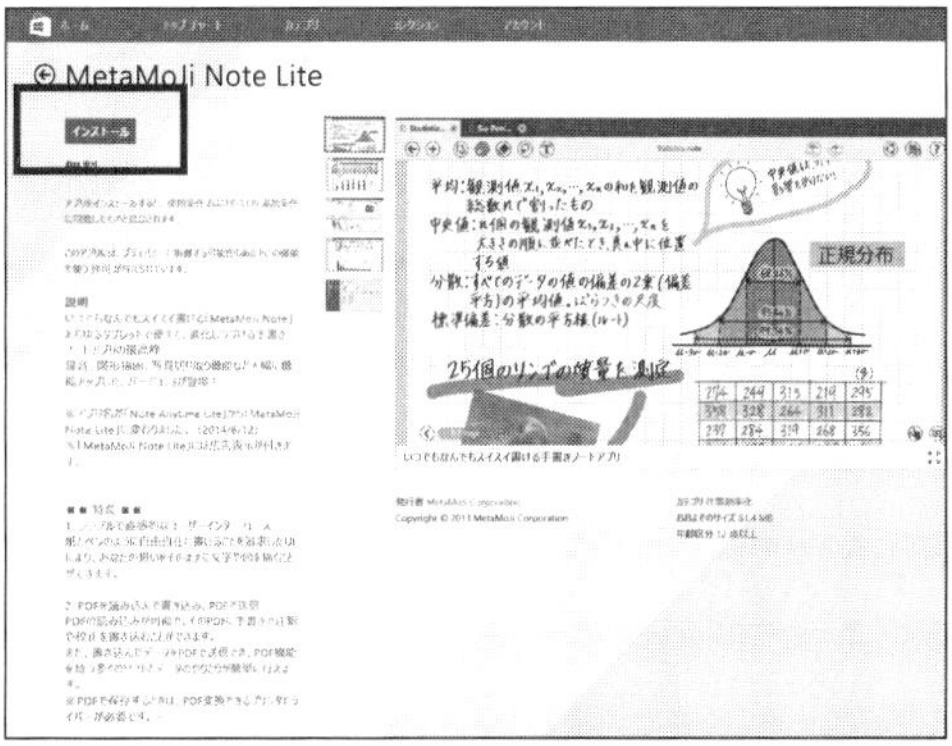

2. アプリの情報を確認したら、「インストール」をタップする。

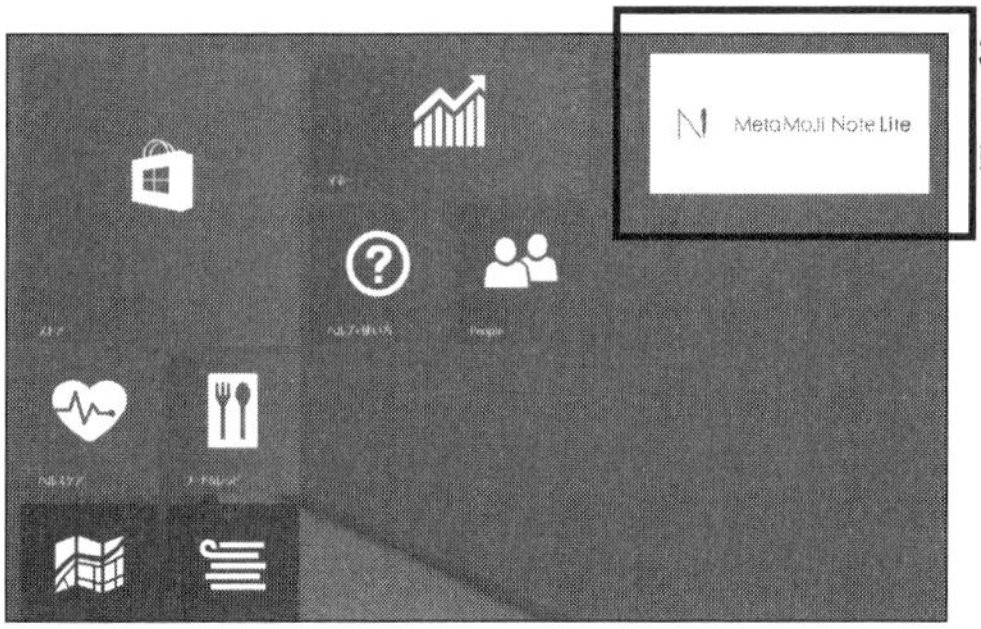

3. インストールが完了したら、スタート画面から起動できるようになる。

●文字を手書きする

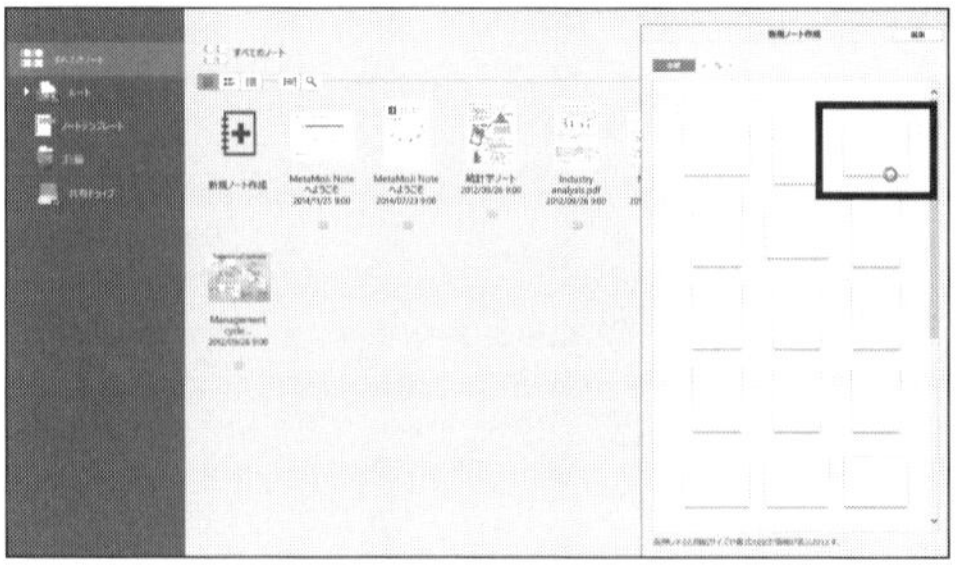

1. スタート画面から、MetaMoJi Note Lite を起動。「新規ノート作成」画面が表示されたら、用紙の縦横や方眼の有無を選択する。初めて起動したときには、この画面は表示されず、すぐに作成画面が表示される。

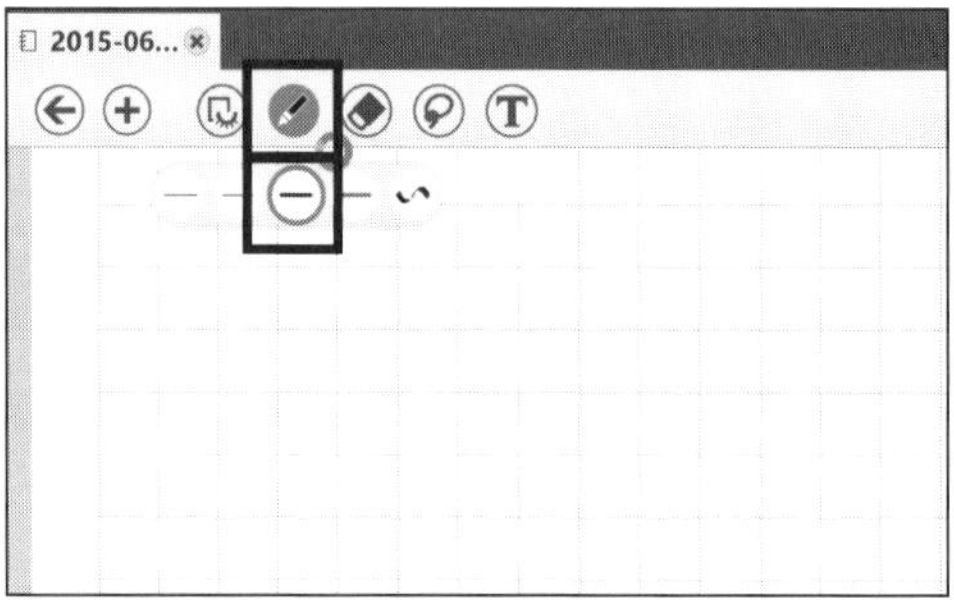

2. 「ペン」アイコンをタップして、ペンの種類を選択する。

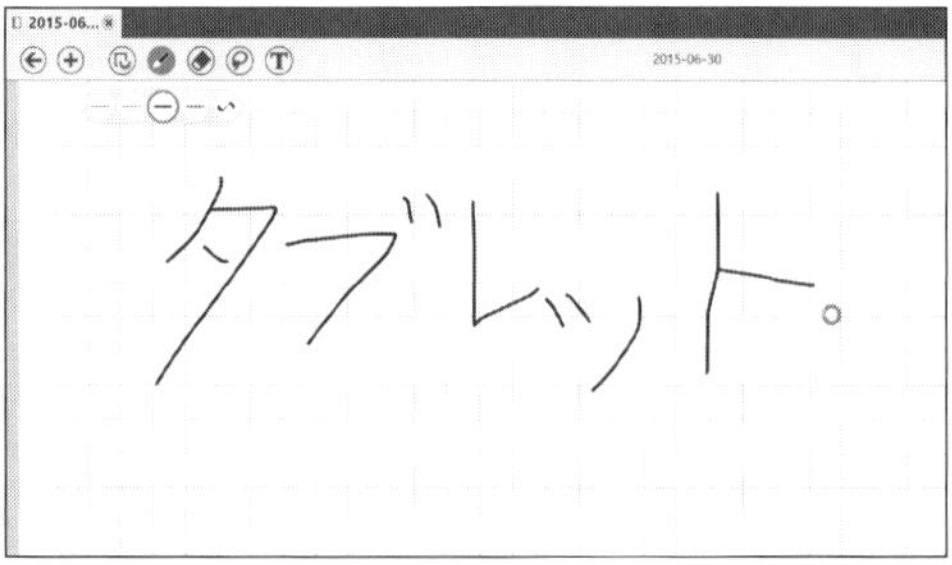

3. ドラッグして、文字を手書きする。

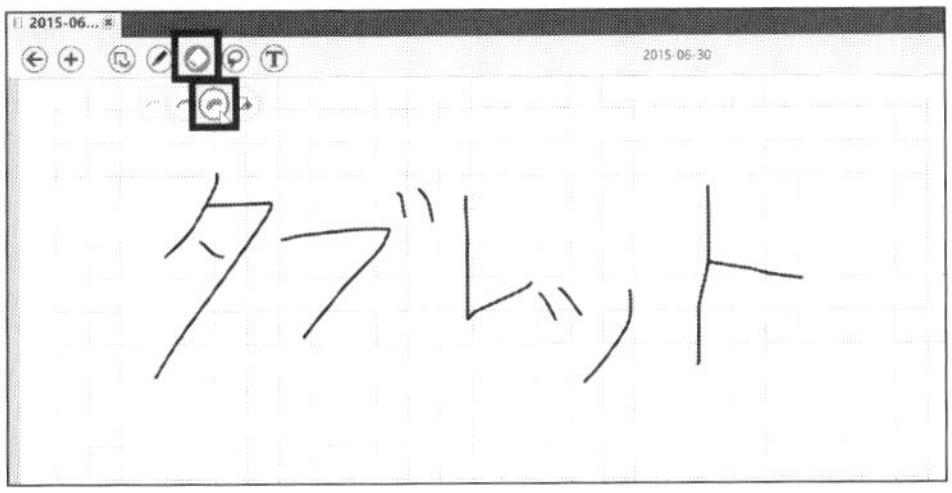

4. 修正したい場合には、「消しゴム」アイコンをタップして、消しゴムのサイズを決定する。

5. ドラッグすると、入力済みの文字を消すことができる。

●写真やイラストを貼る

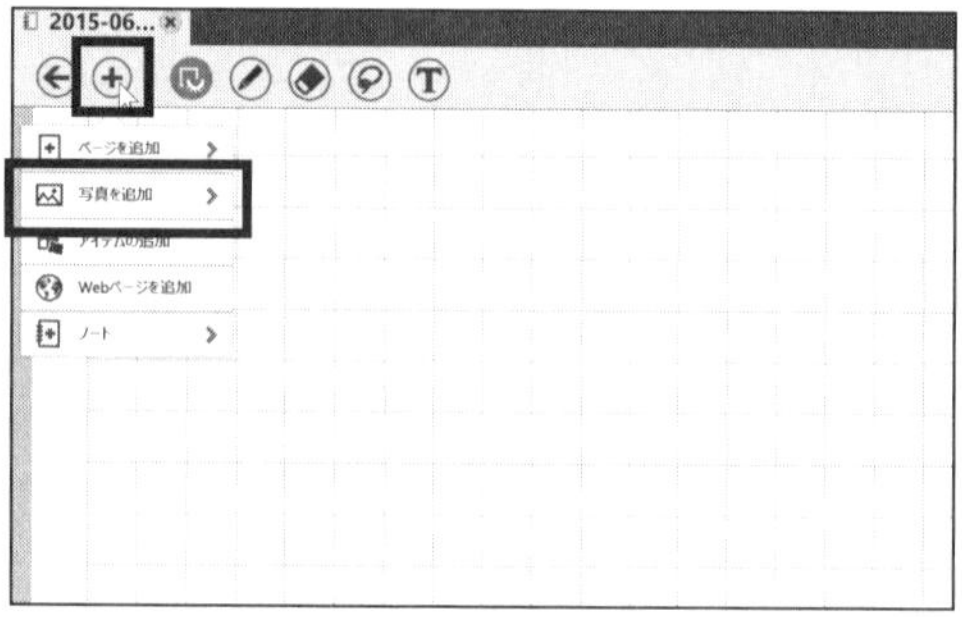

1.「追加」アイコンをタップし、「写真の追加」をタップする。

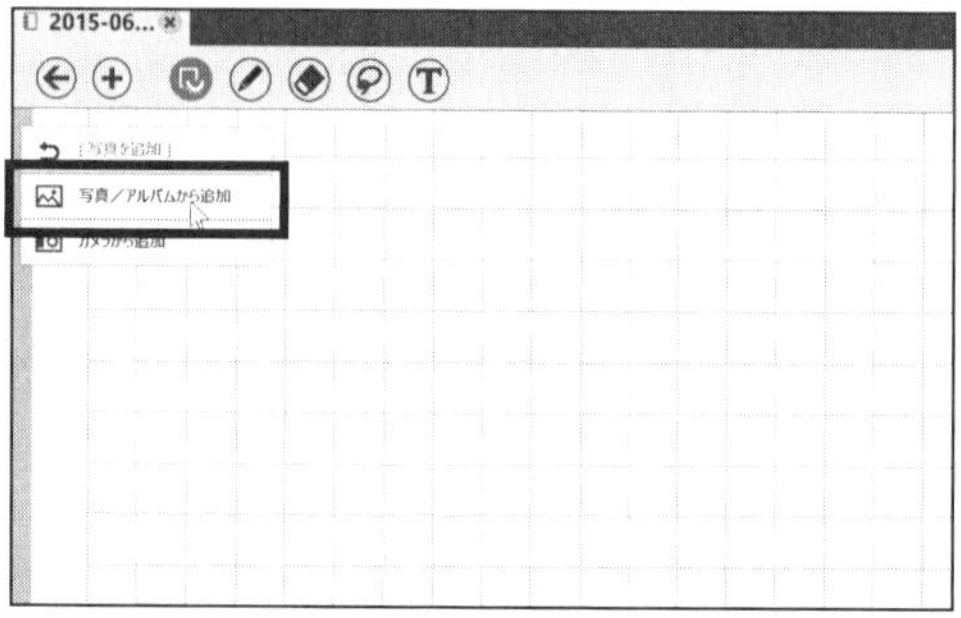

2.「写真/アルバムから追加」をタップする。

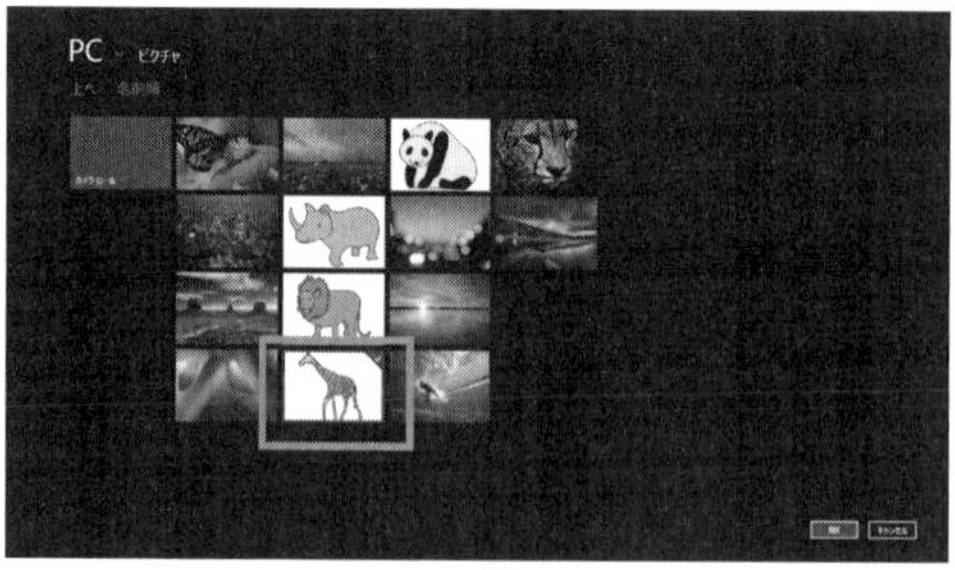

3. 一覧から写真を選択して、「開く」をタップする。

あらかじめ「ピクチャ」フォルダに入れておく

最初に表示されるのは、「ピクチャ」フォルダー内だ。フォルダーは移動できるが、生徒にはあらかじめ、撮影した写真やネットから取得した写真を「ピクチャ」フォルダーに入れさせておいた方がスムーズに作業できる。

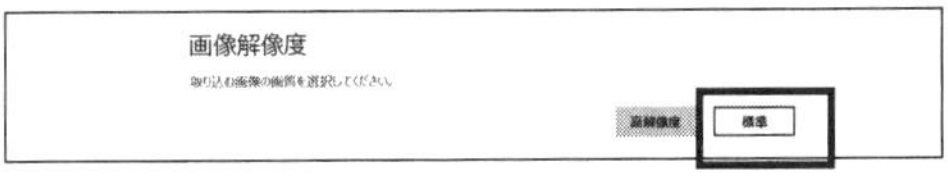

4.「画像解像度」を選択。「高解像度」にするとファイルが重くなってしまうため、ここでは「標準」を選択している。

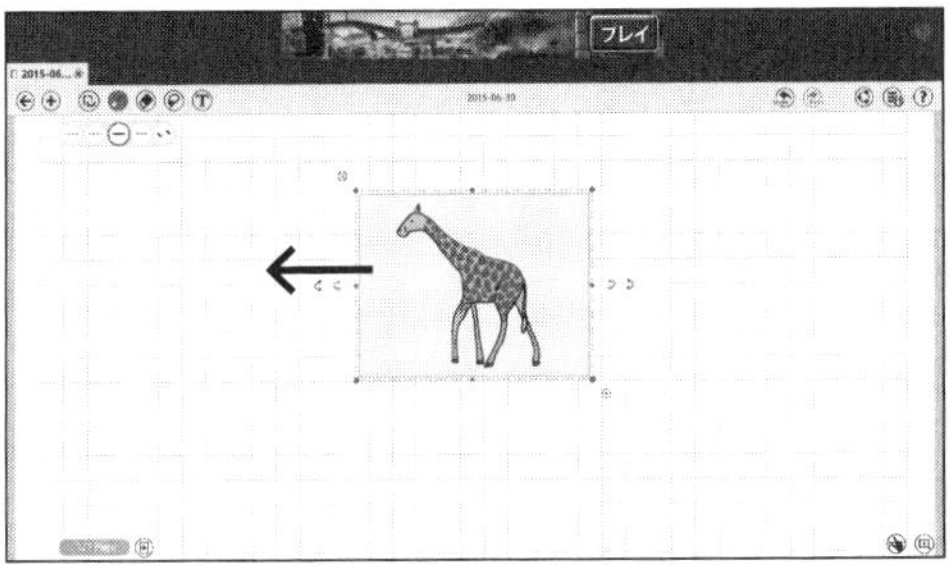

5. イラストが貼り付けられた。ドラッグして移動する。

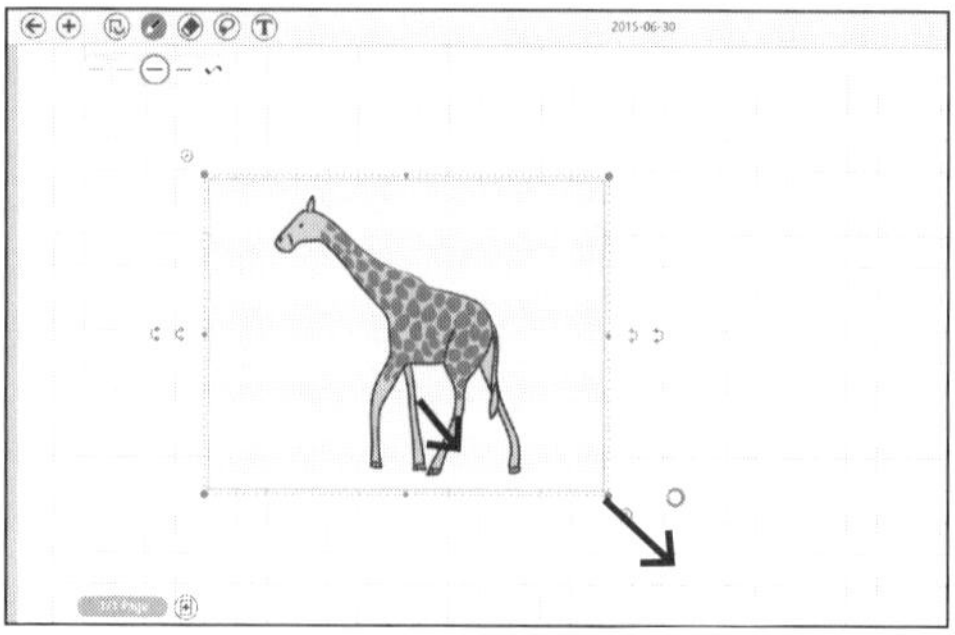

1. 周囲の●をドラッグして、サイズを決定できる。矢印をドラッグすると回転もできる。

アプリ間でイラストをコピー

白板ソフトの場合と同様に、貼り付けた画像は、コピーして貼り付けることで、増やすことができる。イラストを選択したら、次の操作を順に試してみよう。

Ctrl + C キー=コピー

Ctrl + V キー=貼り付け

同様の操作は、アプリ間でも行える。たとえば、教材をあらかじめPowerPointやExcelで作っておき、そこからイラストなどの素材を貼り付けていくことができる。この方法なら、使い慣れたOfficeソフトで資料を用意することが可能になる。

●ファイルを保存する

1. 右上のアイコンをクリックし、「ファイルに保存する」をタップする。

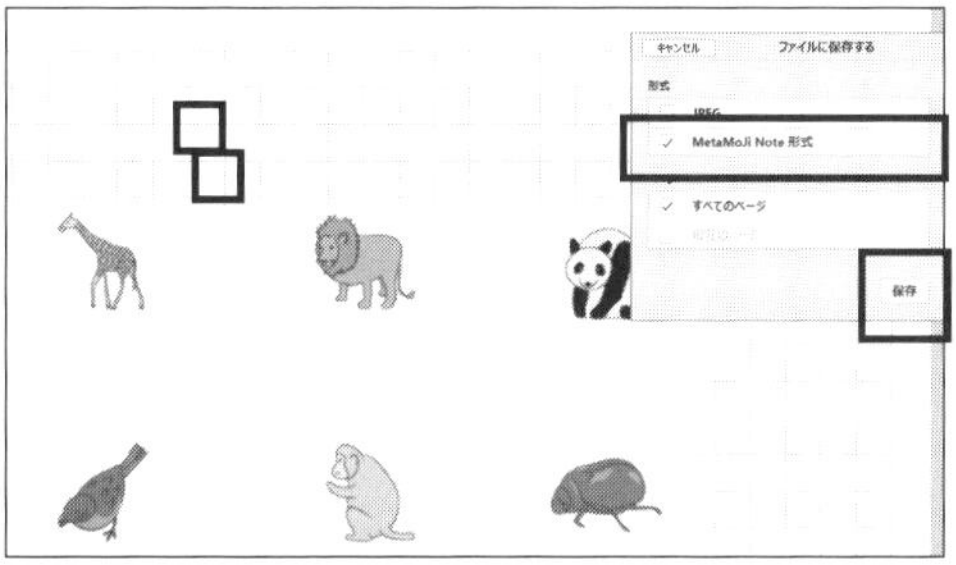

2.「MetaMoji Note 形式」を選んで「保存」をクリック。

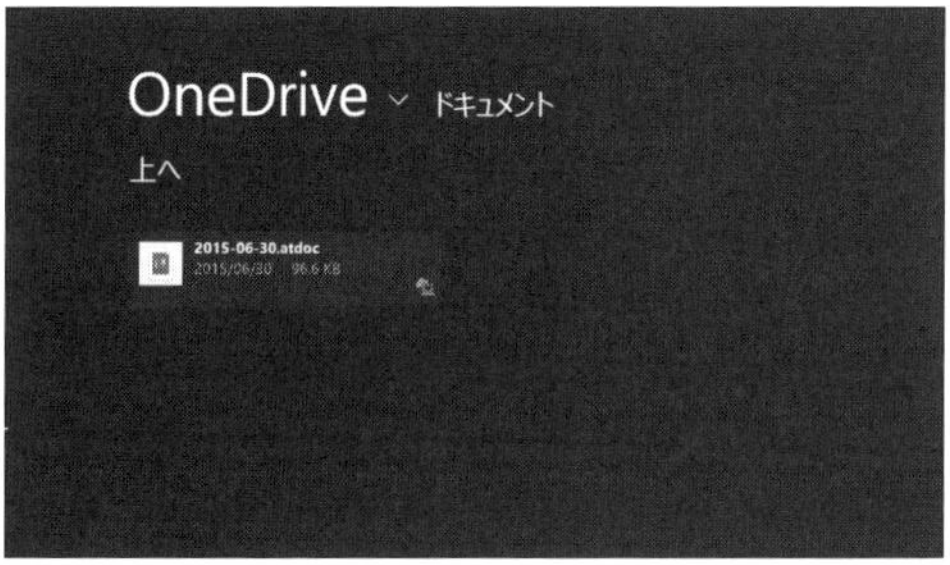

3. 保存場所を指定する。初期設定では「OneDrive」になっているが、「v」をクリックして、「PC」⇨「ドキュメント」のように移動も可能。場所に移動したら「保存」をタップする。

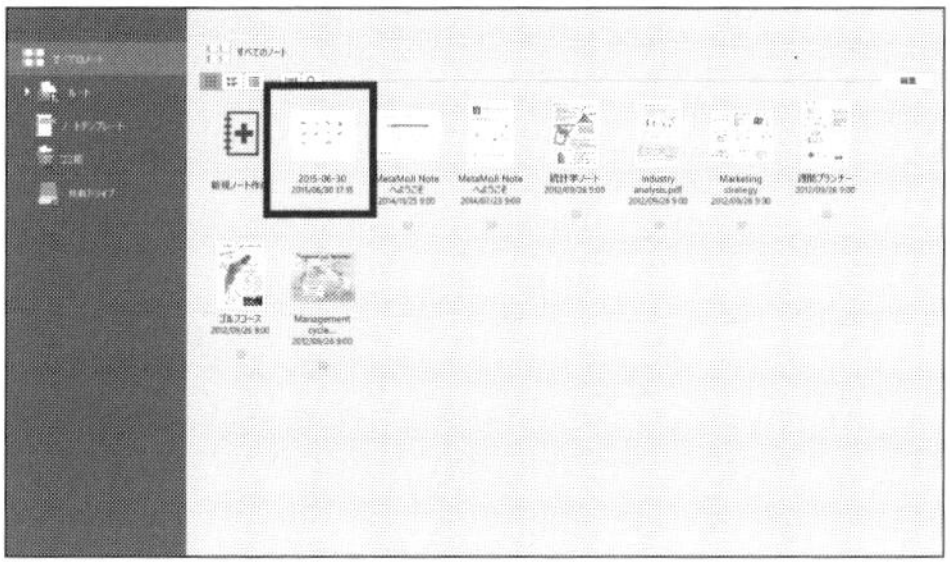

4. 保存済みのファイルは、「すべてのノート」の一覧にも追加される。ここから選択すれば、開いて編集できる。

● PDF ファイルを読み込む

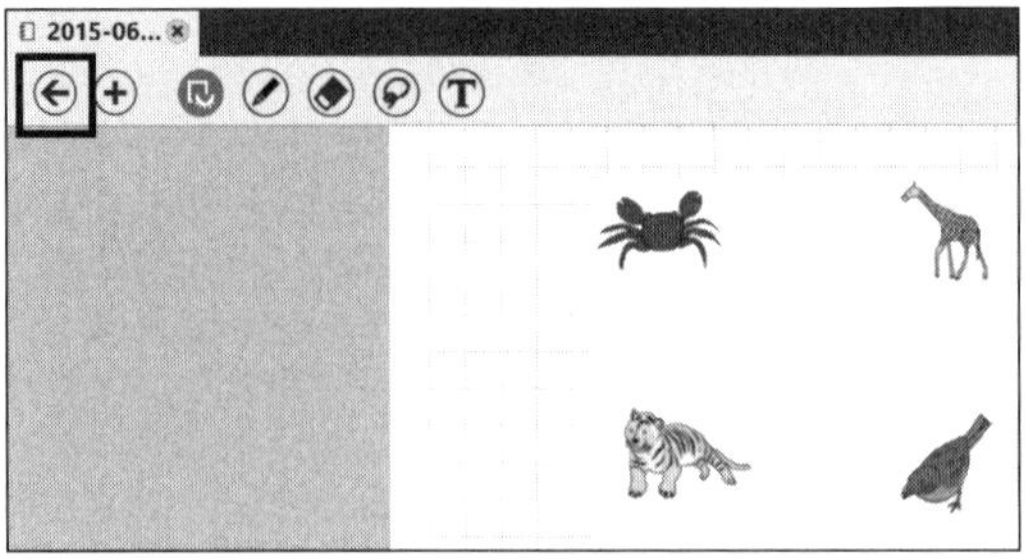

1. 編集画面を開いている場合、「←」 をタップして、「すべてのノート」画面に移動する。

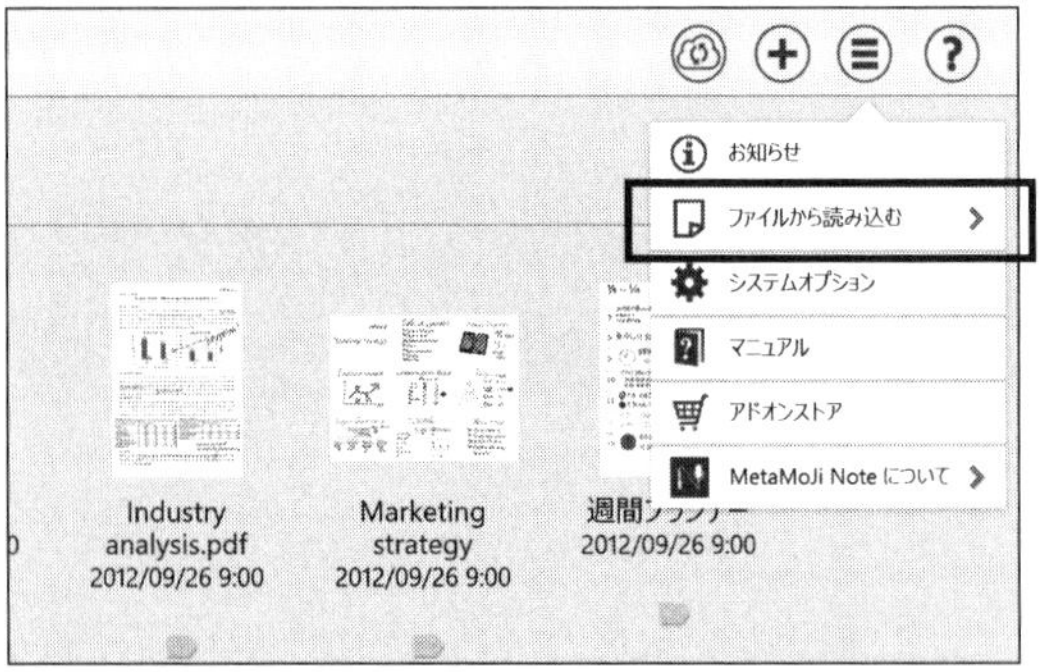

2. メニューのアイコンをタップして、「ファイルから読み込む」をタップする。

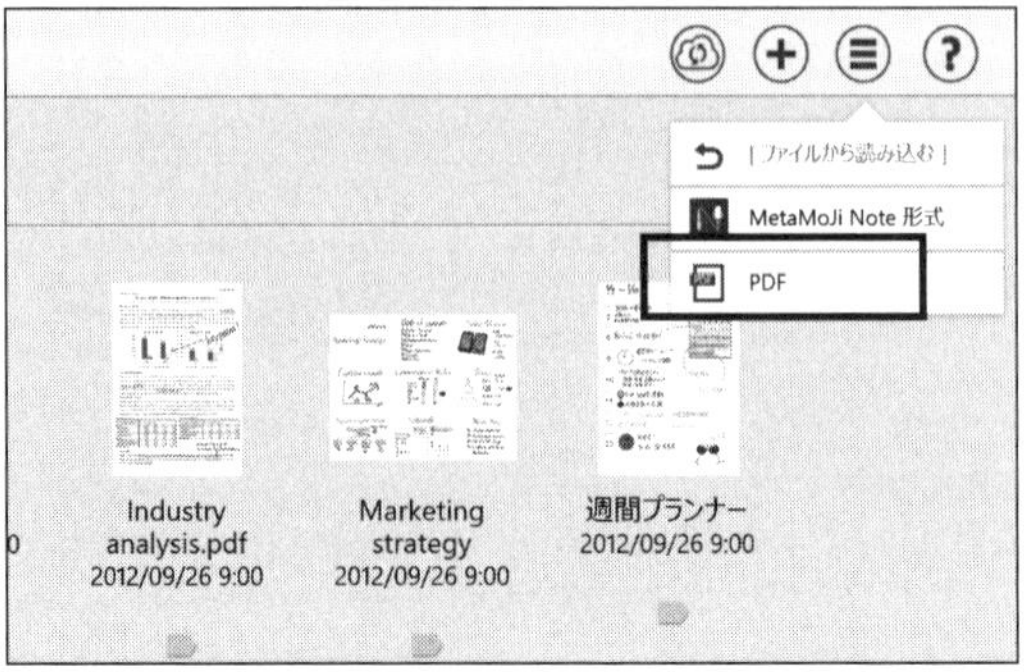

3. PDF ファイルを読み込むなら、「PDF」 をタップする。

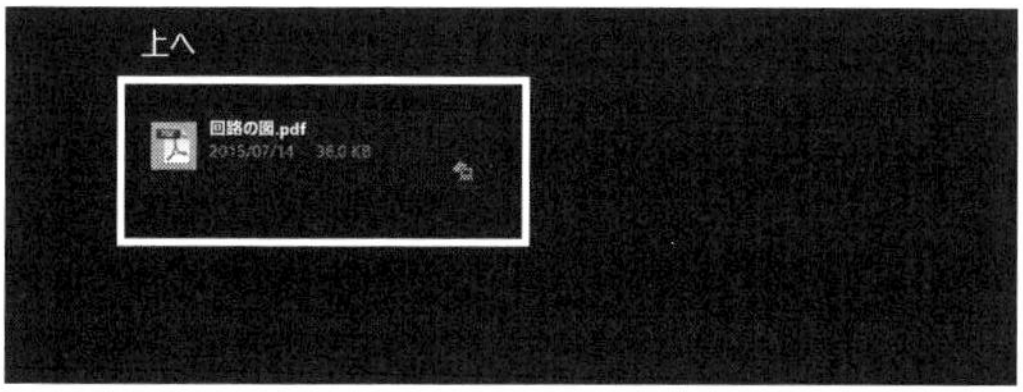

4. 編集画面を開いている場合、「←」をタップして、「すべてのノート」画面に移動する。

最初に表示されるのは「OneDrive」の「ドキュメント」フォルダー。使用したいファイルはあらかじめこのフォルダーに入れておくと作業がスムーズになる。

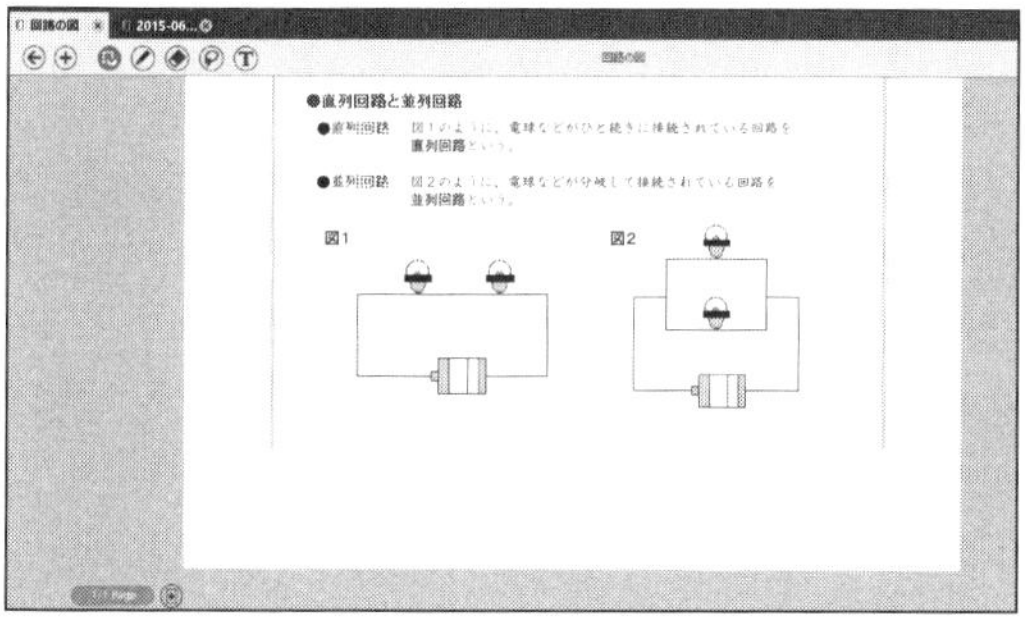

5. 選択したPDFファイルがMetaMoji Liteに読み込まれる。

[iPad]

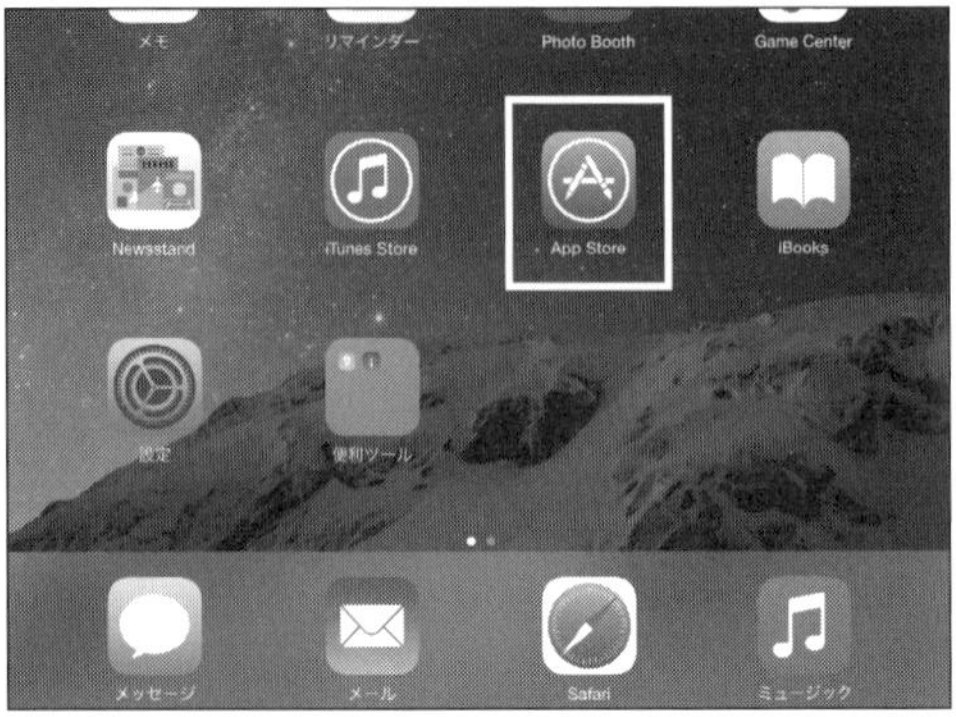

●アプリをインストールする

1. ホーム画面の「AppStore」をタップする。

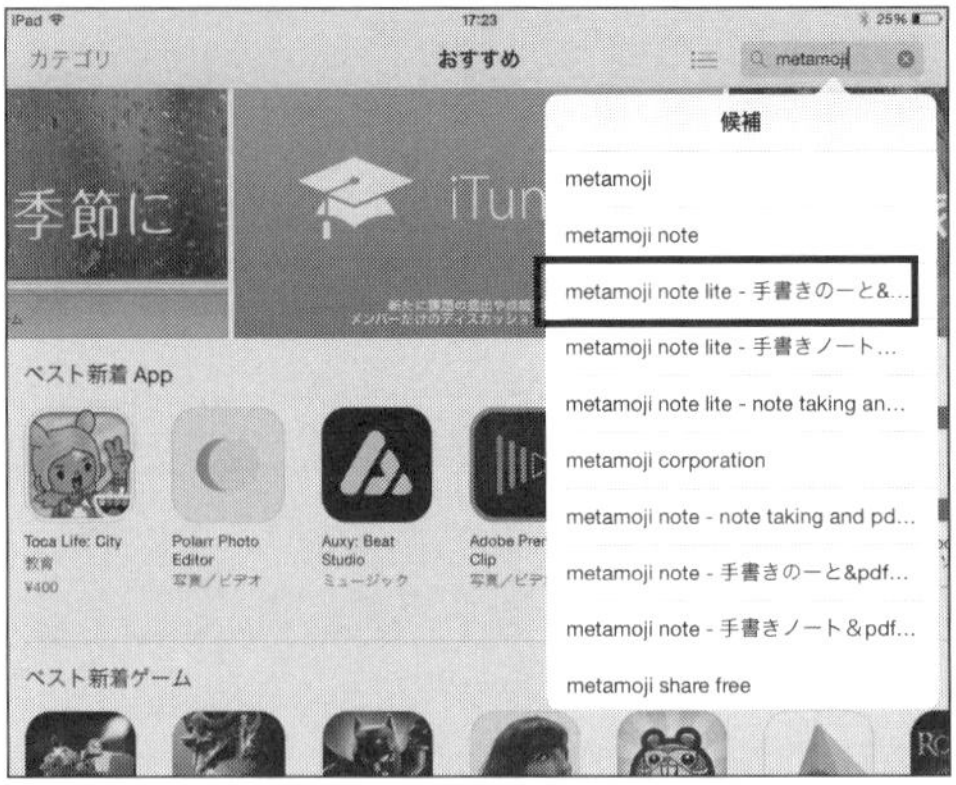

2. AppStoreが起動したら、「metamoji」のように入力して検索。「MetaMoJi Note Lite」をタップする。

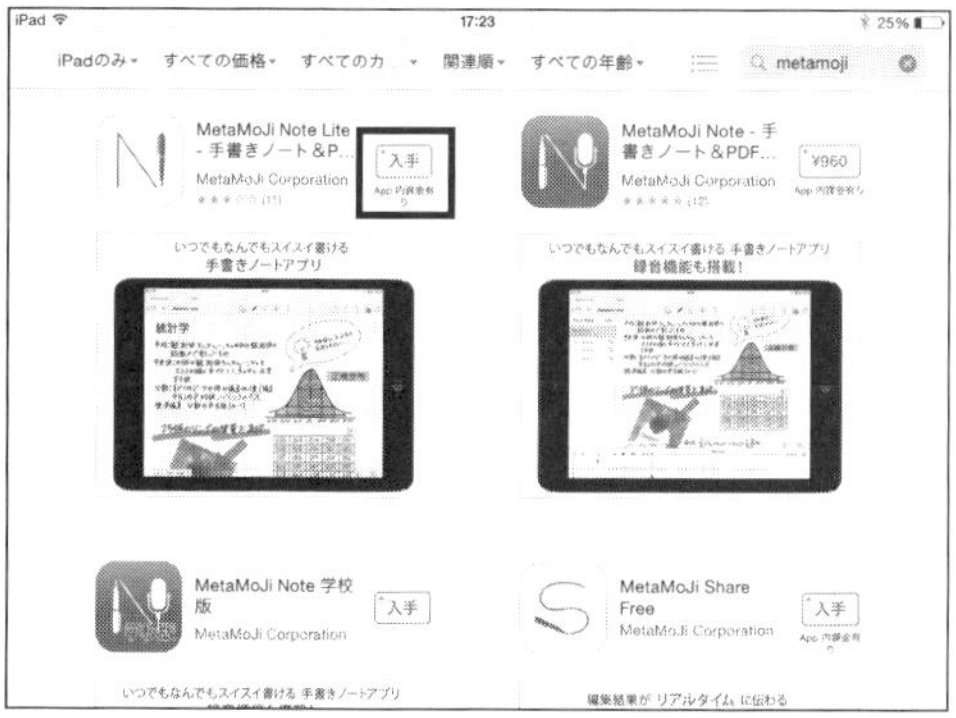

3. 「MetaMoJi Note Lite」の「入手」をタップする。

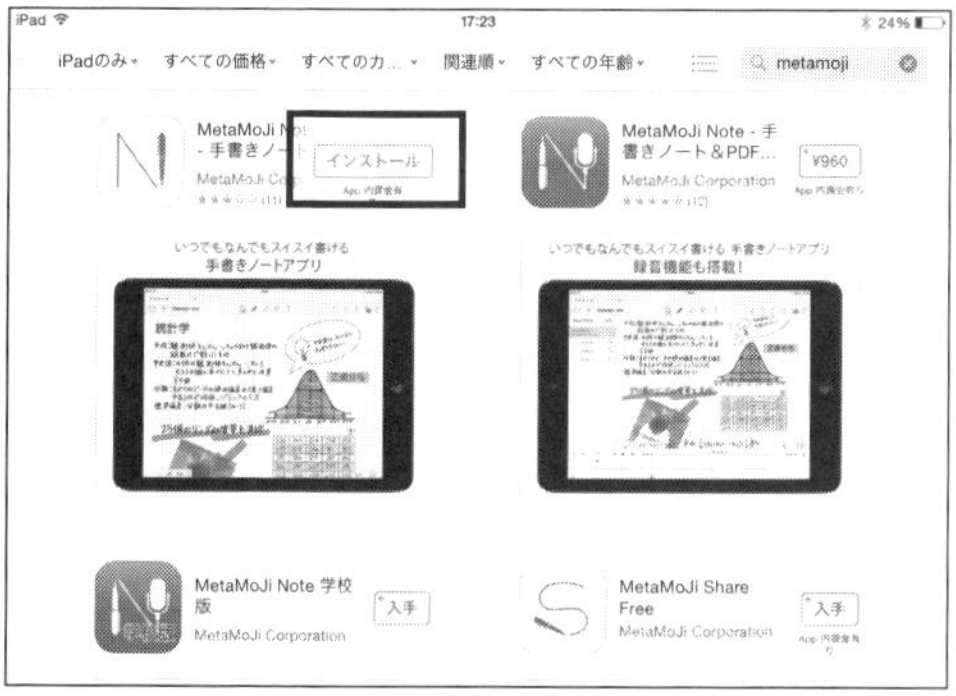

4. 表示が「インストール」に変わったら、タップする。

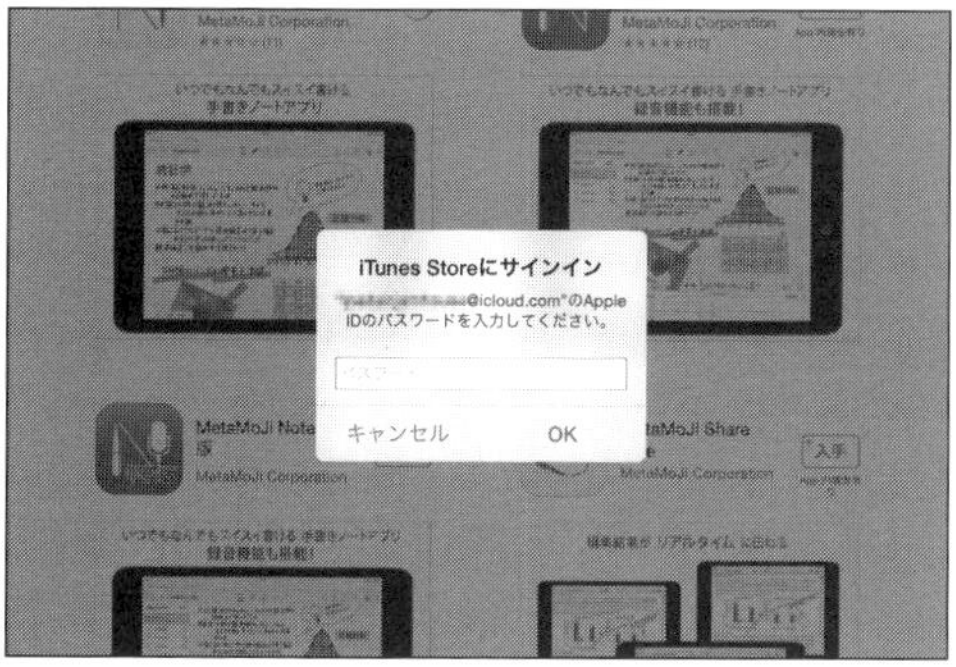

5. パスワードを入力して「OK」をタップする。AppStoreを利用するには、あらかじめ各iPadにApple IDを登録しておく必要がある。

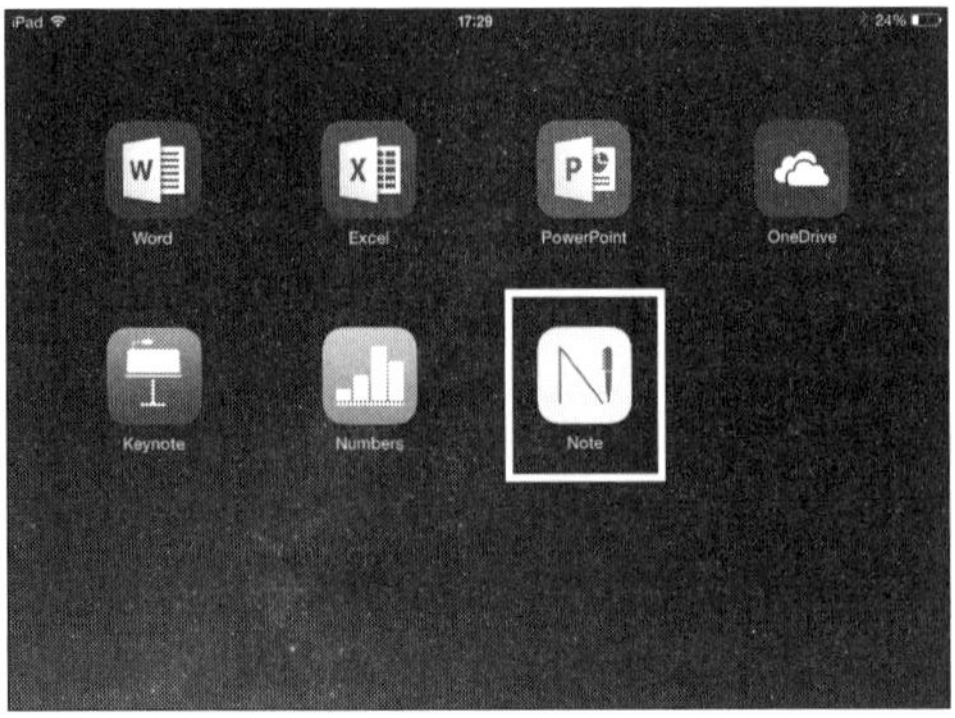

6.「MetaMoJi Note Lite」のアイコンが追加され、タップして起動できるようになる。

タイトルタイトル

iPad版「MetaMoJi Note Lite」の操作方法は、Windows版とほぼ同様だ。文字を手書きしたりイラストを貼ったりする操作については、ここまでのページを参照してほしい。

iPadにアプリを追加するには、AppStoreからダウンロードして、インストールすることになるので、手順を確認しておこう。なお、この後紹介する「ロイロノート」や「Dropbox」のiPad版アプリも、同じ方法でインストールできる。

初めて起動したとき

初めて起動したときに、「サインイン」画面が表示されることがある。「MetaMoJi ID」を取得してサインインすると、オンラインの保存スペースを利用できる。利用しない場合には、「今はしない」を選択できる。

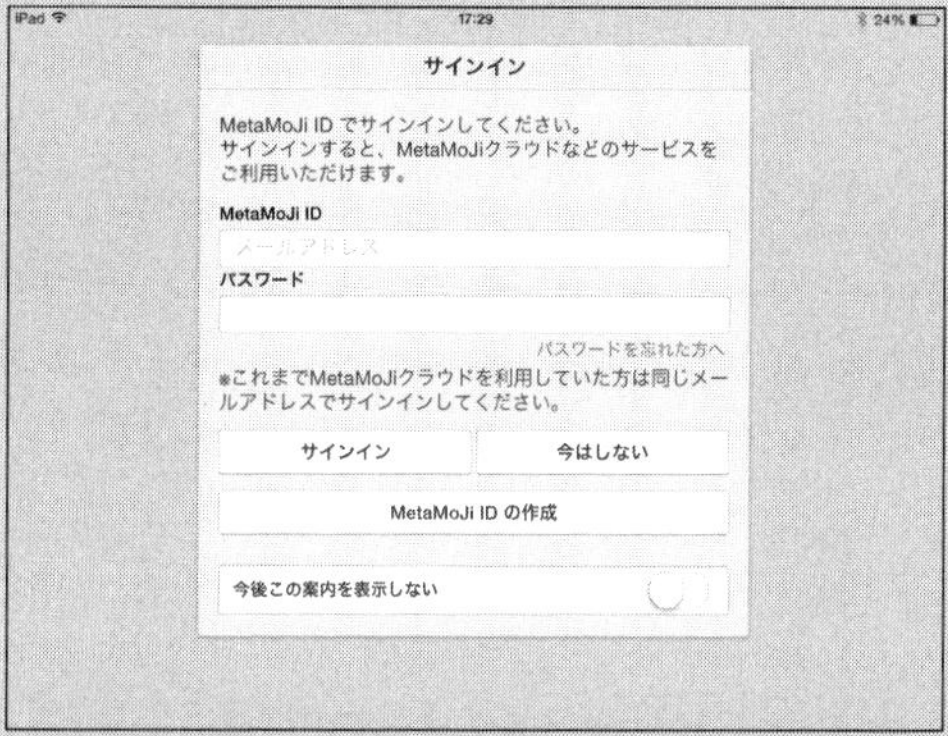

ここではいったん「今はしない」をタップしておく。

サンプルノートも特に利用しなければ「後で行う」をタップしておく。

●メールから PDF ファイルを読み込む

1. メールアプリで PDF の添付ファイル付メールを受信。ファイルがダウンロードされるまでの時間を待つ。

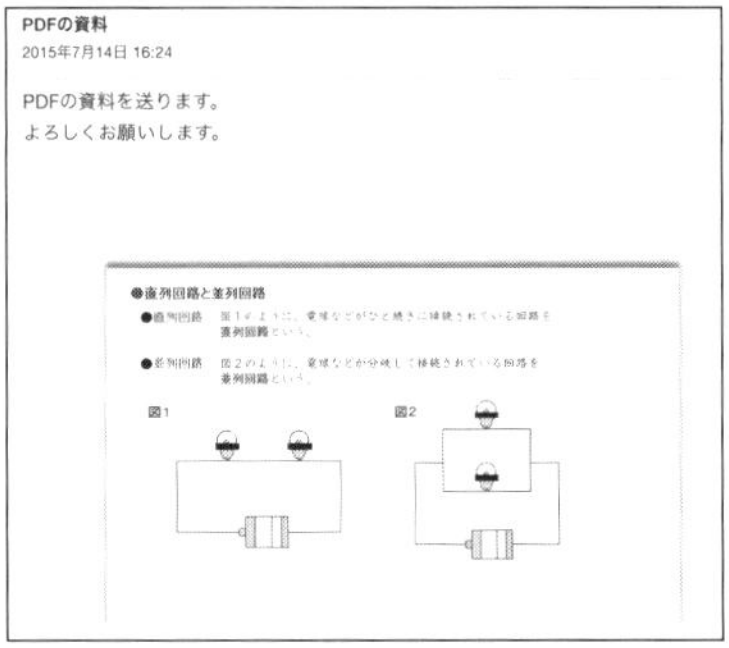

2. ダウンロードが完了すると、PDF のイメージが表示される。

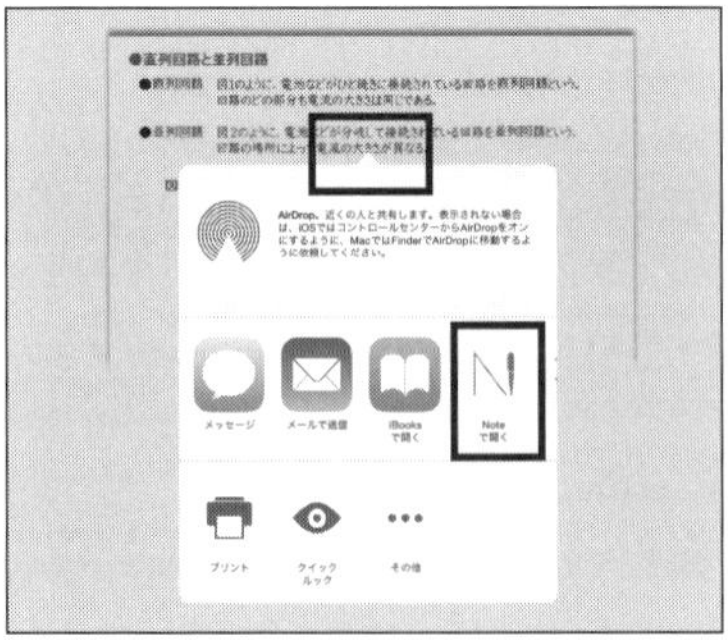

3. PDF のイメージを長押しするとメニューが表示される。「Note で開く」をタップする。

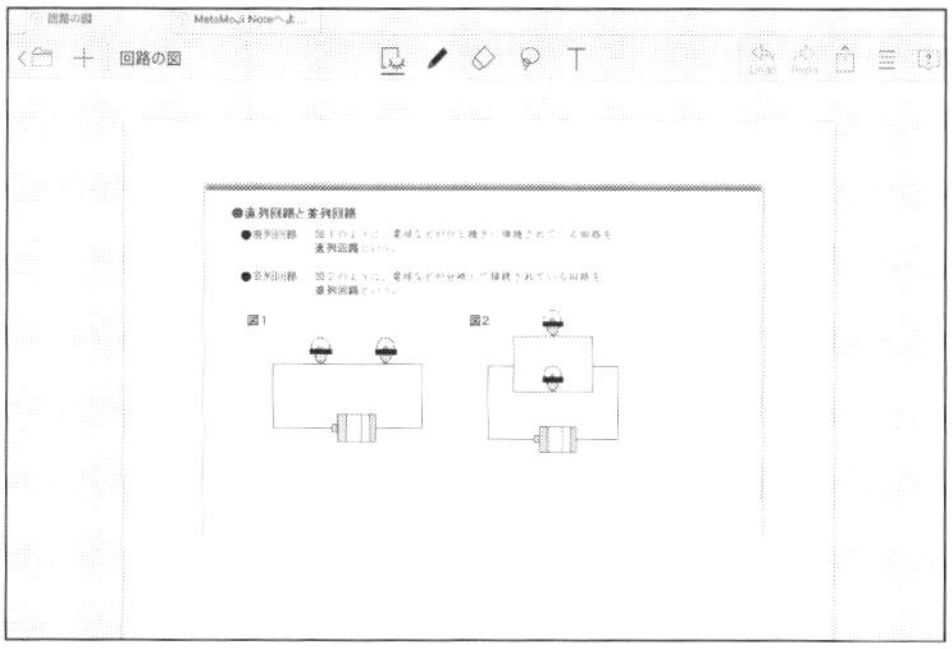

1. ファイルが読み込まれて、編集可能になる。

DropBoxから読み込み

190ページで解説するように、DropBoxを利用してファイル共有する方法がある。PDFファイルを開いたら、MetaMojiに送信して開いてみよう。なお、ファイルはそれぞれが別名で保存しておくと、混乱を避けることができる。

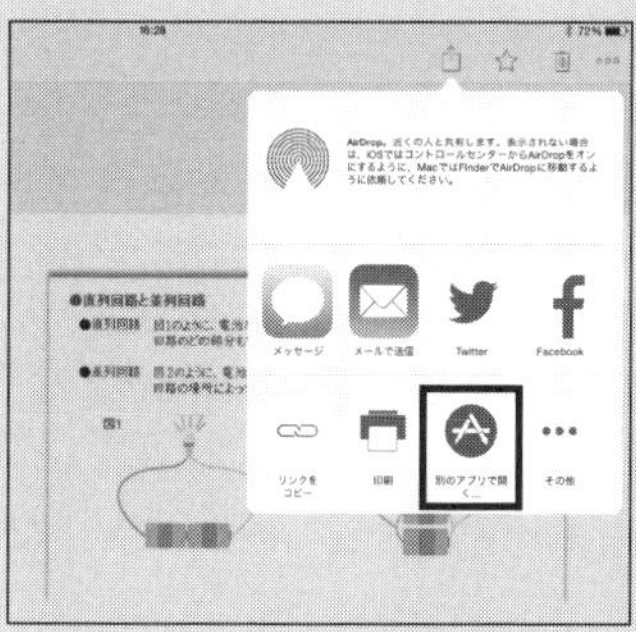

送信アイコンをタップして、「別のアプリで開く」をタップする。

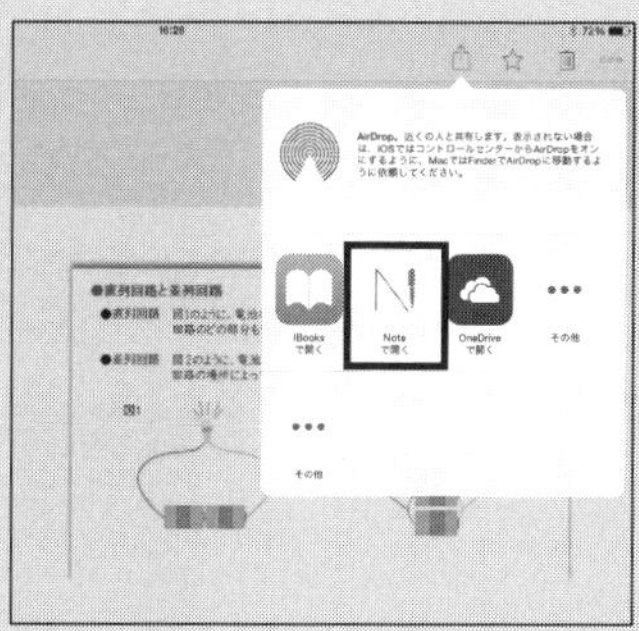

「Note で開く」をタップする。

06 ロイロノートで発表の準備をする

ロイロノートは、発表（プレゼンテーション）の流れを整理しながら、資料を用意できるアプリだ。発表内容はカードに記入し、一連の流れとして作成できる。そのため、文章を並べ替えながら、構成を考えたいときにも活用すると便利。
ロイロノートには、学校利用向けの「ロイロノート・スクール」がある。ネットワーク共有の機能を持つため、あらかじめ生徒の名簿リストを登録しておくと、先生と生徒、生徒間で作成した資料を共有することもできる。

［ソフト名］**ロイロノート・スクール**
［価格］**ユーザー数に応じたサービス料金**
（1ユーザーあたり40円〜など。無料体験可能）
［対応OS］**Windows 8.1/8(Windowsストアアプリ)**
iOS 7.0 以降
［提供］**株式会社LoiLo**

［Windows 8.1］

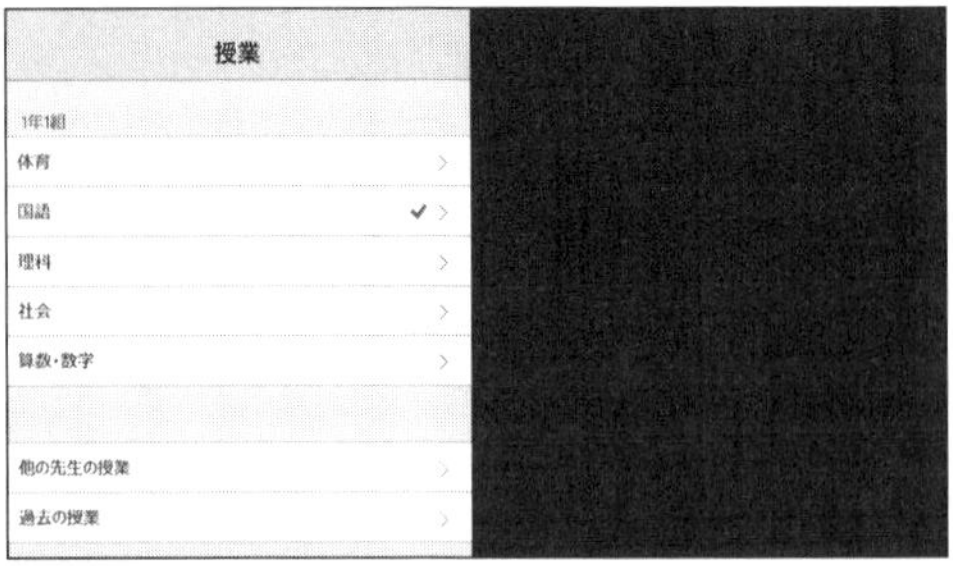

●新しいノートを作る
1. ロイロノートは、Windowsストアから入手する（166ページ参照）。インストールが完了したら、スタート画面から起動しよう。ノートは資料や、教科ごとに用意できる。教科名をタップする。

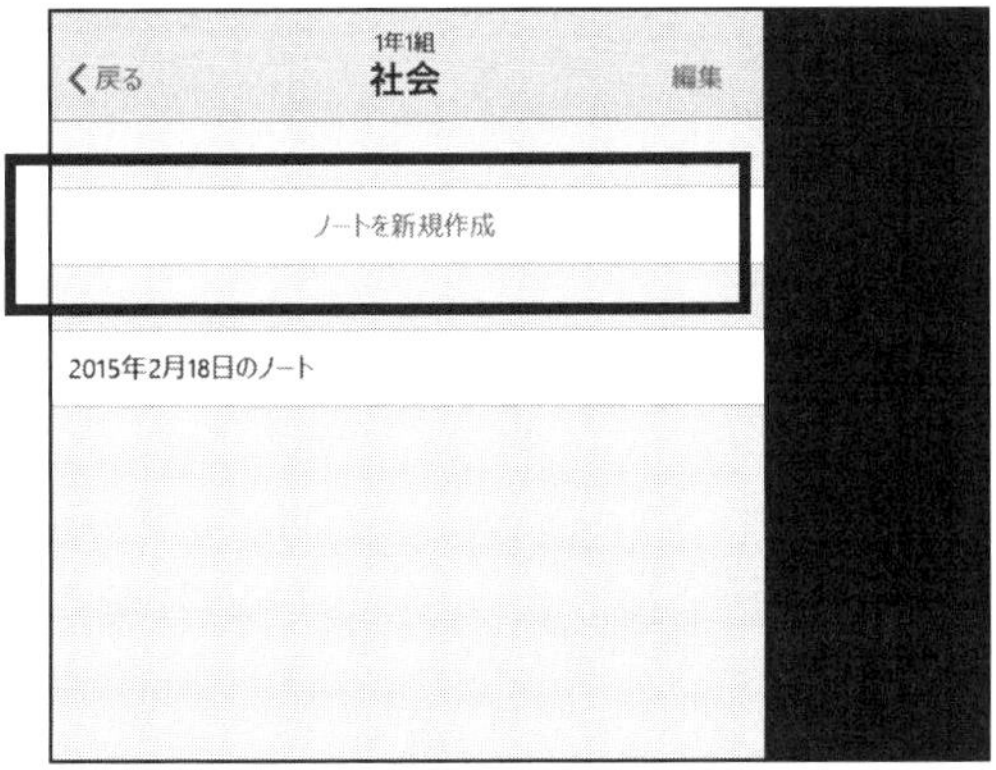

2.「ノートを新規作成」をタップする。

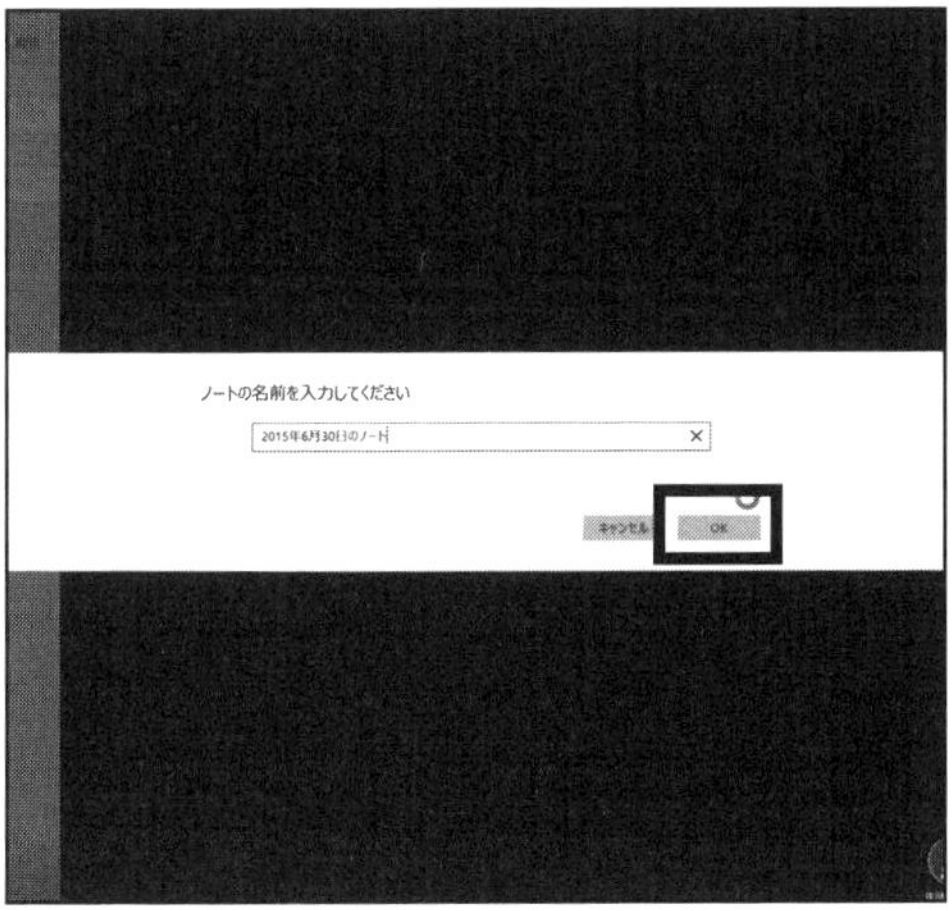

4. ノートの名前を入力して、「OK」をタップする。

●**テキストカードを作る**

1. ノートが表示されたら、「テキスト」をタップする。

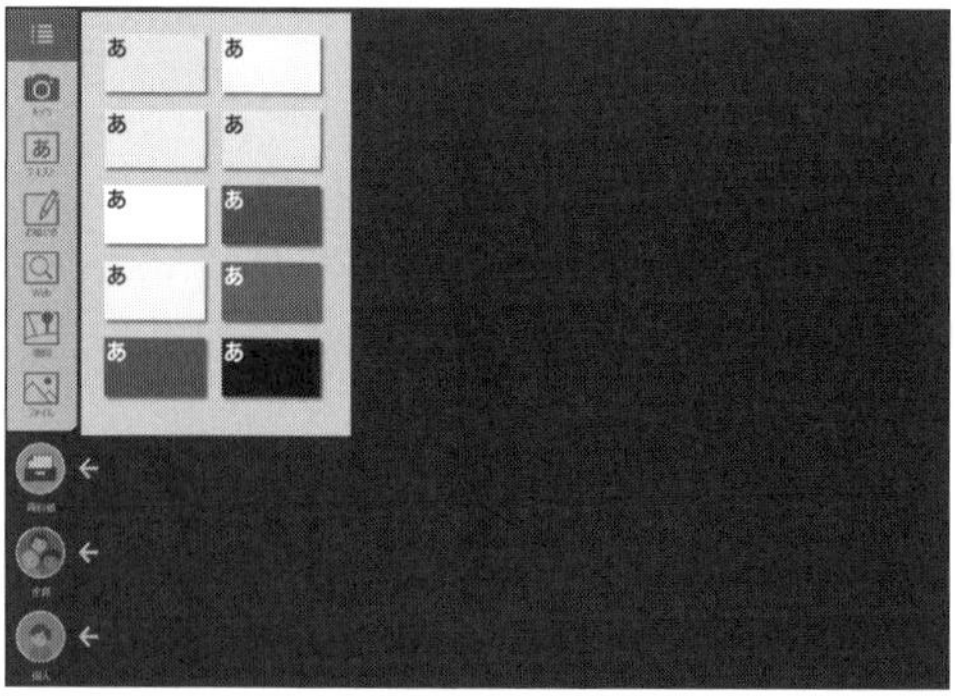

2. カードの色を選択する。

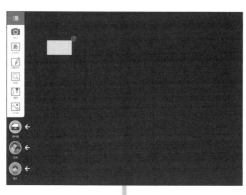

3. カードが挿入されたら、タップする。

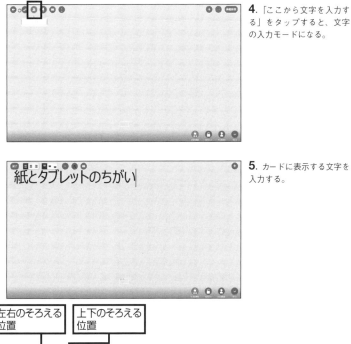

4. 「ここから文字を入力する」をタップすると、文字の入力モードになる。

5. カードに表示する文字を入力する。

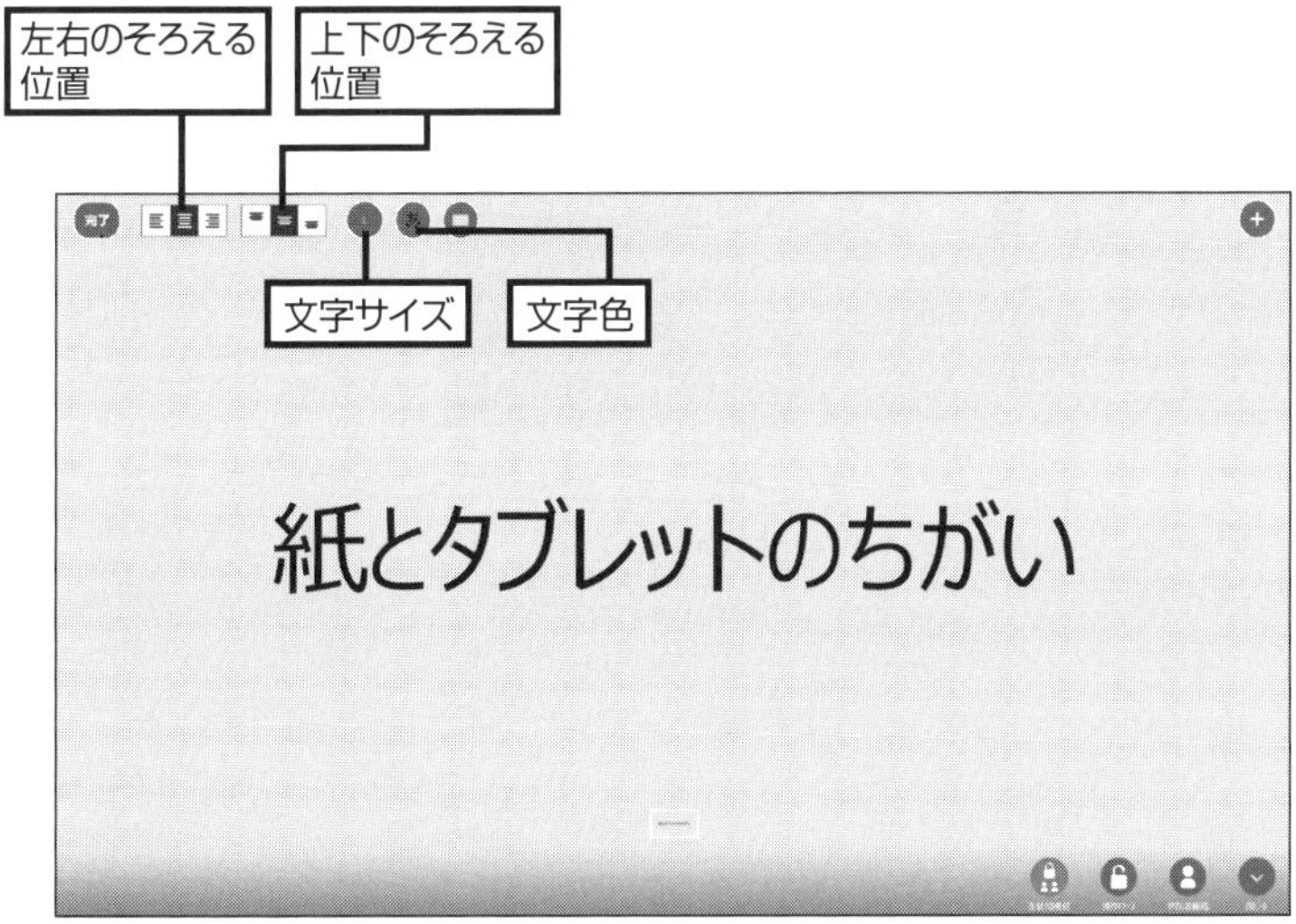

6. 文字サイズや、文字を揃える位置も指定したら、「完了」をタップする

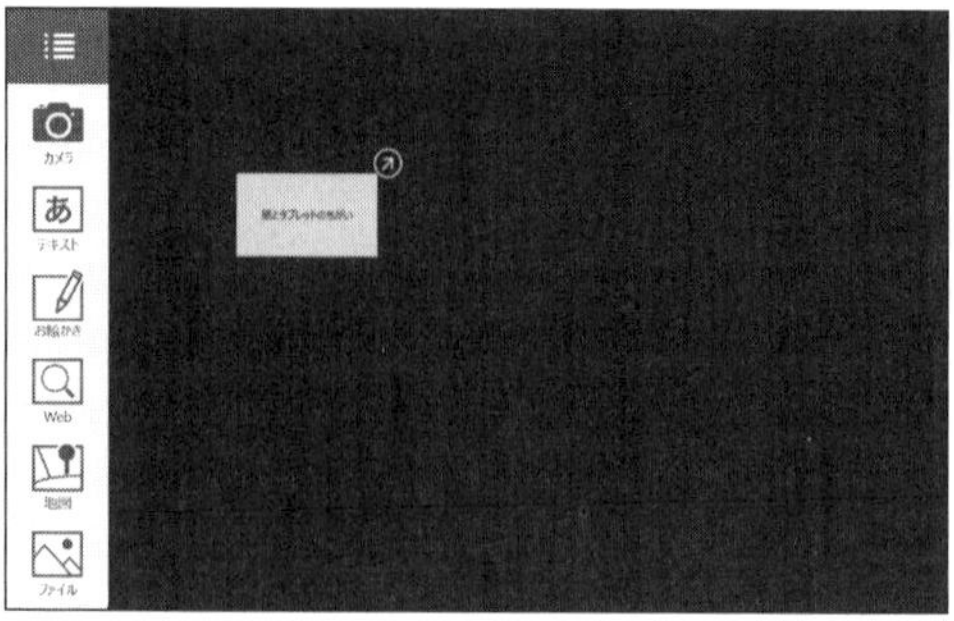

7. カードに文字が入力される。

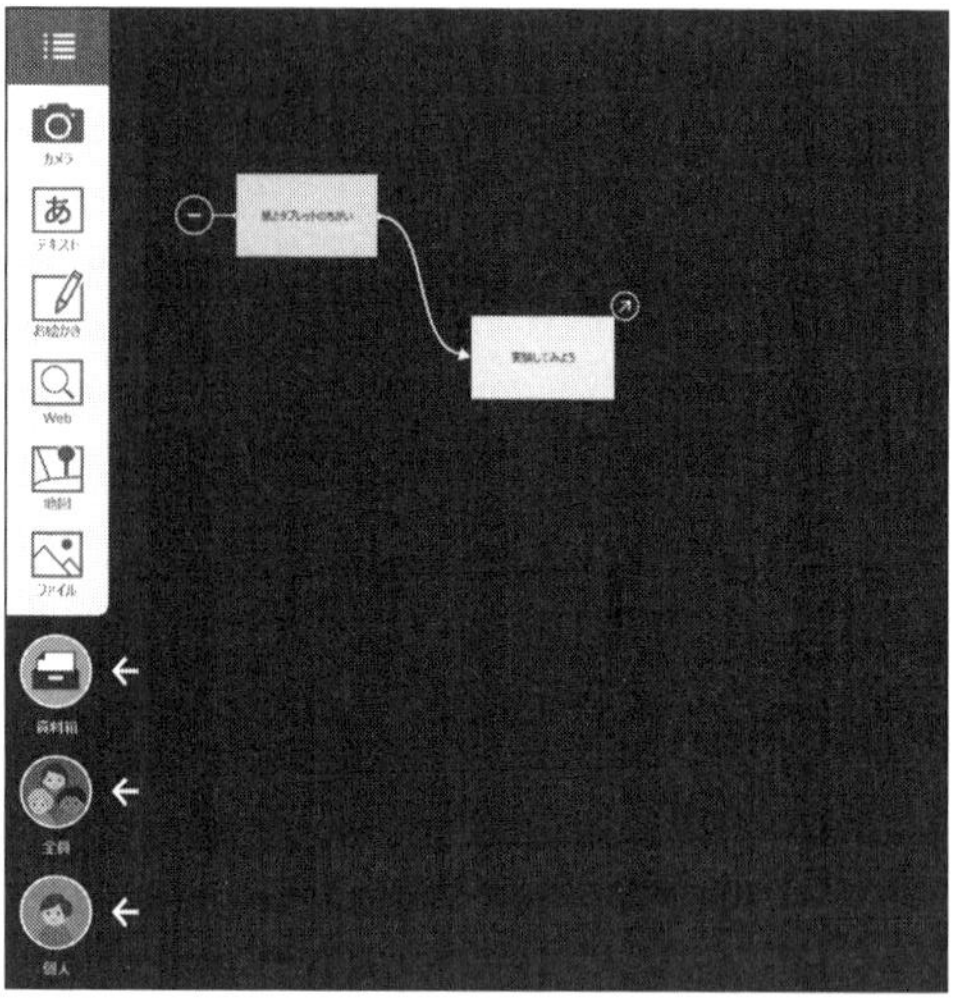

8. 同じようにしてテキストカードを作る。矢印をドラッグすると、次のカードにつながり、一連の流れを作ることができる。

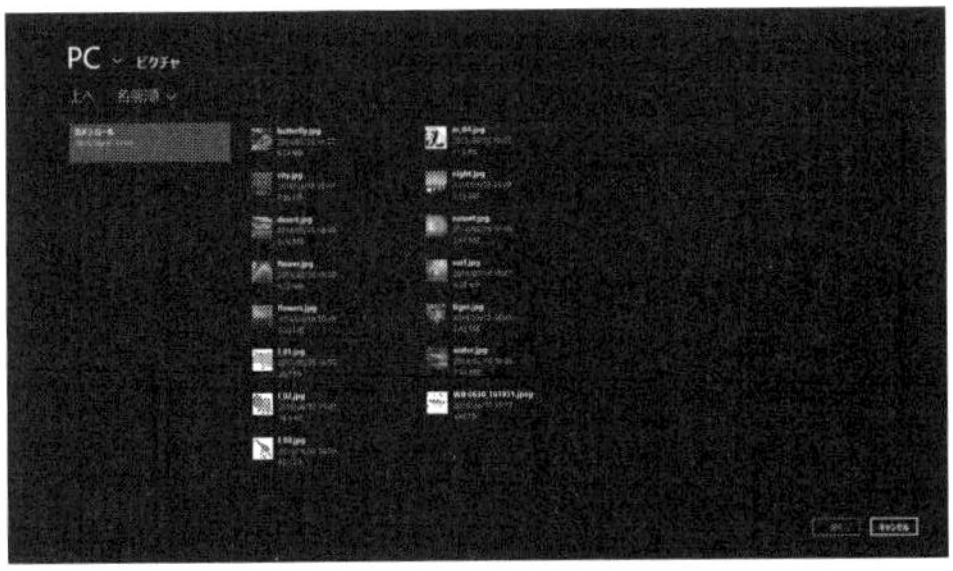

●写真のカードを作る

1. ノートの画面で「ファイル」をタップすると、写真やイラストのカードを貼り付けられる。ここでも最初に表示されるのは「ピクチャー」フォルダー内だ。使用したいファイルはあらかじめこのフォルダーに入れておくと作業がスムーズになる。

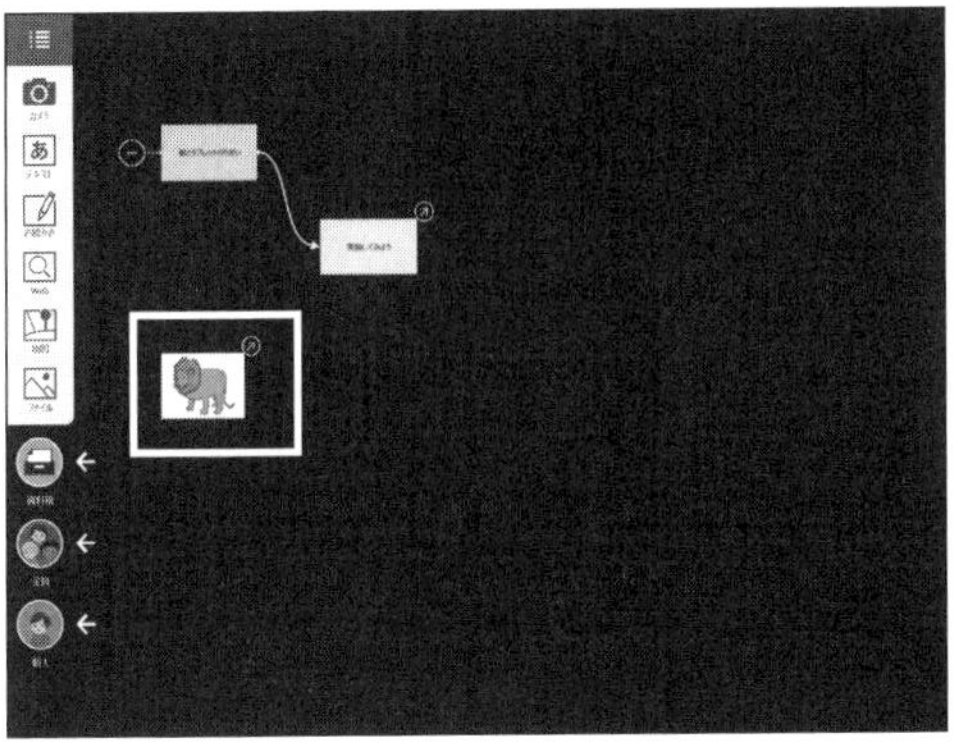

2. カードはドラッグして移動できるほか、矢印をドラッグすれば、テキストのカードと並べて一連の流れを作ることができる。

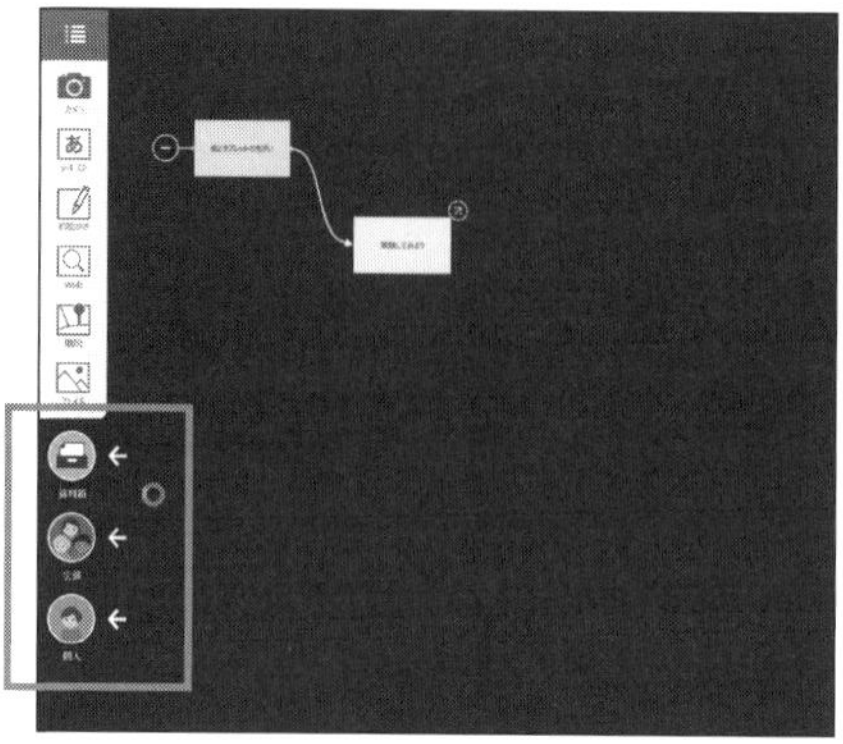

●データを保存／共有する

完成したデータはそのまま保存するか、生徒と共有できる。

●「全員」をタップすると、生徒全員に一斉に送信できる。

●「個人」をタップすると、生徒を指定して送信できる。

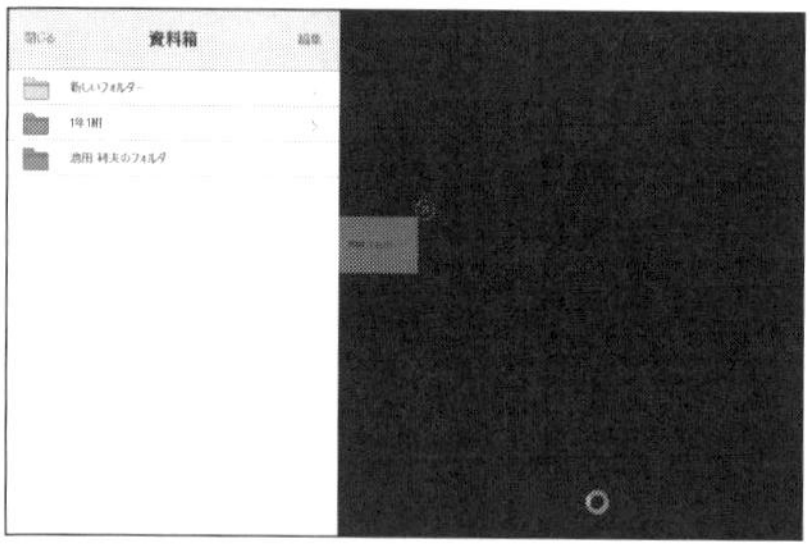

「資料箱」をタップすると、保存先を指定して、ファイルの保存ができる。

iPad版アプリの利用

iPad版「ロイロノート・スクール」の操作方法は、Windows版とほぼ同様だ。新しいノートを追加したり、カードを追加する方法については、ここまでのページを参照してほしい。

名簿を登録して共有

ロイロノート・スクールを使って、生徒と教材を共有するには、事前に名簿リストを登録しておく必要がある。「名簿登録マニュアル」は、ロイロノートのサイトで公開されているので、参考にして登録しておこう。

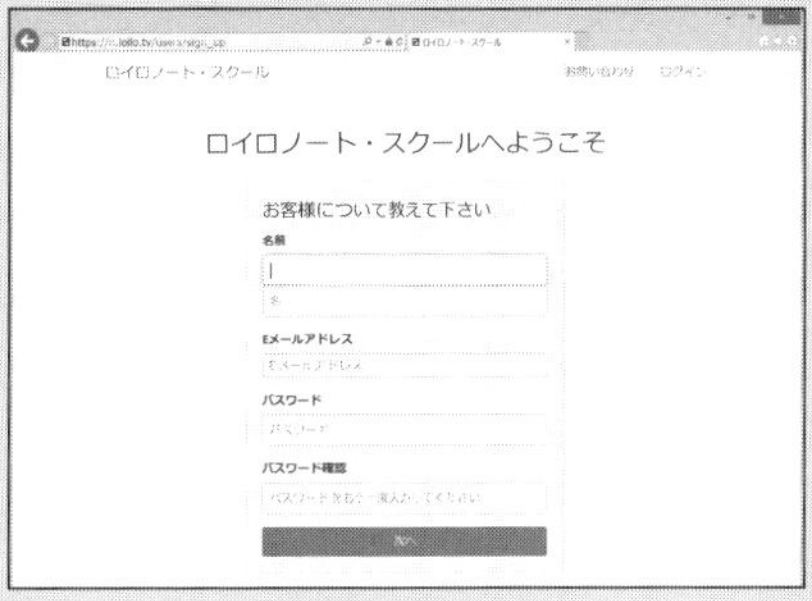

ロイロノート・スクールのユーザー登録を行うと（https://n.loilo.tv/users/sign_up）、無料体験できる。

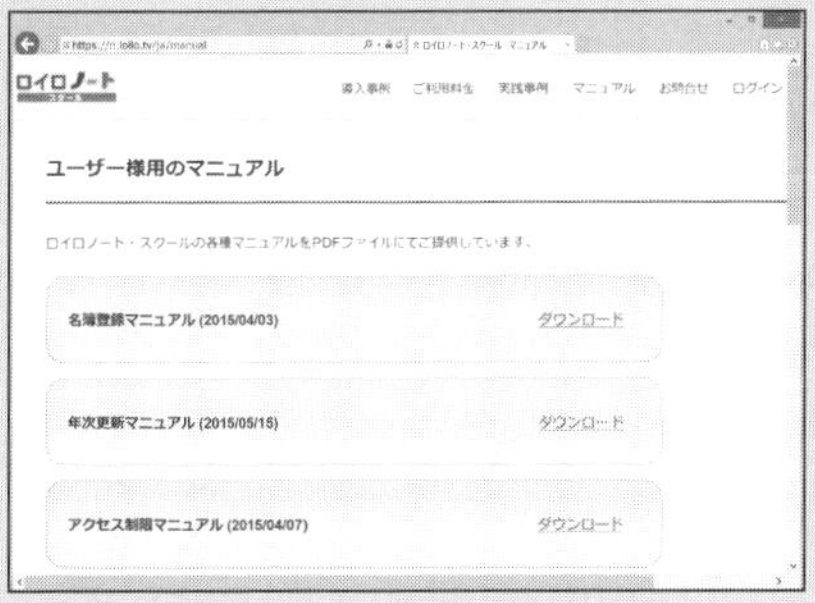

名簿登録などの操作はマニュアルを参考に設定してみよう（https://n.loilo.tv/ja/manual）。

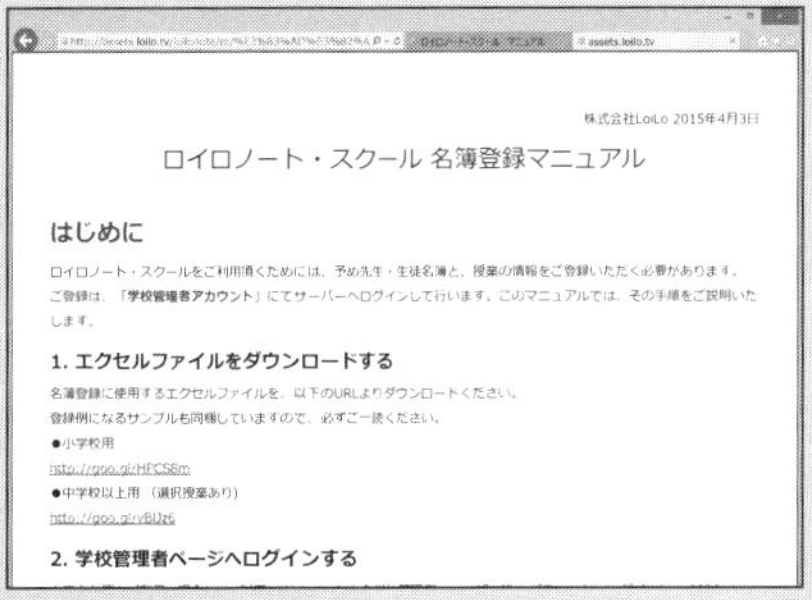

PDFファイルをダウンロードして読むことができる。

07 Dropboxでファイルを共有する

ロイロノートのように、共有機能を持つアプリなら作成済みの資料をすぐに生徒と共有できるが、ない場合には他のアプリと連携することで共有する方法がある。

ここではDropboxを利用する手順を見てみよう。Dropboxは、インターネット上のディスクスペースを提供するサービス。無料で2GBまで利用できる。ディスクスペースにフォルダーを作成し、指定したユーザーだけを招待してファイルを共有する機能があるので、教材の共有も可能になる。

Dropboxには、ブラウザーソフトを使ってアクセスできるほか、専用アプリを利用する方法もある。ここではパソコンからはブラウザーソフト、iPadからは専用アプリを使ってアクセスする方法を解説する。

［ソフト名］Dropbox
［価格］2GBまで無料
［対応OS］Dropbox Inc.

[Windows 8.1]

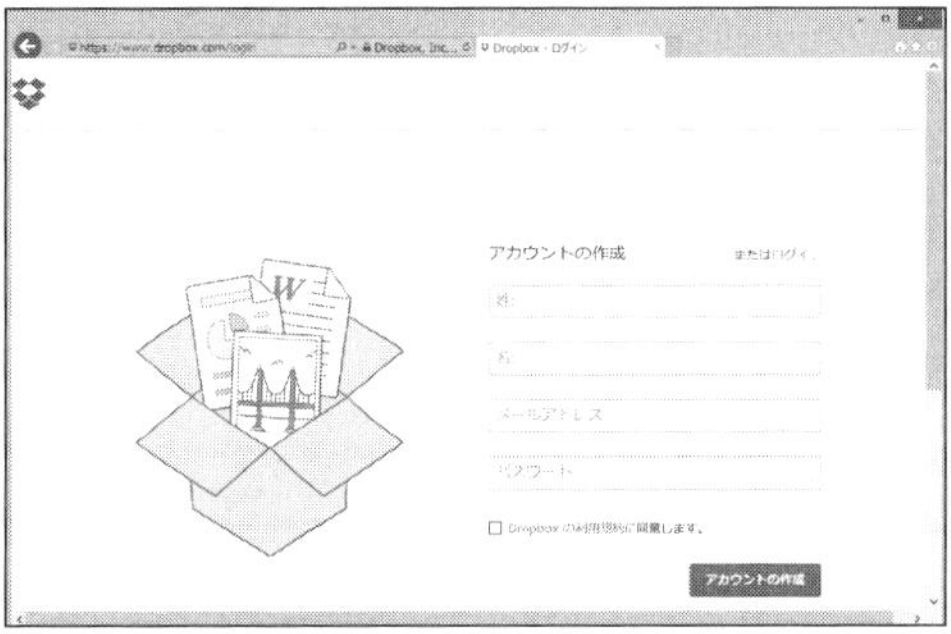

● Dropboxを利用開始する

1. Dropboxの利用には、ユーザー登録が必要。Internet Explorer でサイト（https://www.dropbox.com/ja/）にアクセスし、姓、名、メールアドレス、パスワードを入力したら、「アカウントの作成」をタップする。

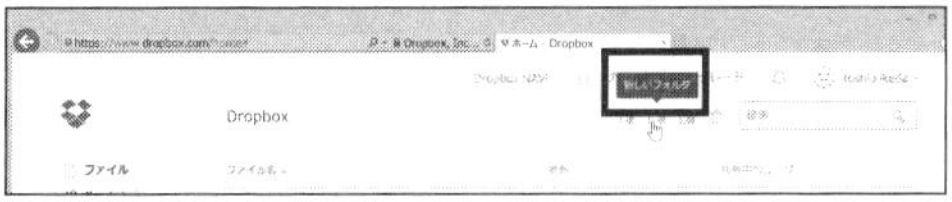

● フォルダを作成して共有する

1. 「新しいフォルダ」ボタンをタップする。

2. 新しいフォルダの名前を入力し、招待したい相手のメールアドレスを入力したら、「フォルダを共有」をタップする。

3. 新しくできたフォルダーをタップする。

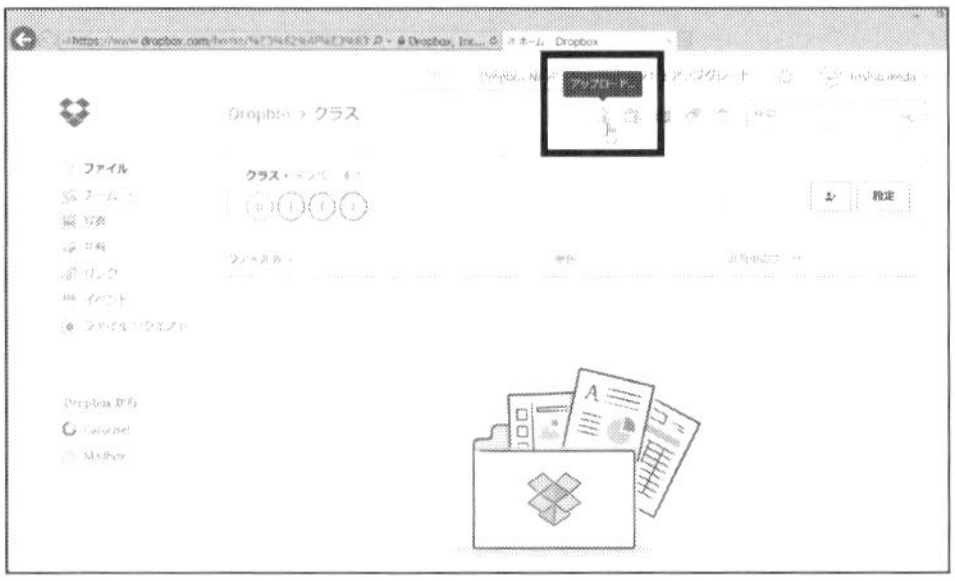

4. 「アップロード」をタップする。

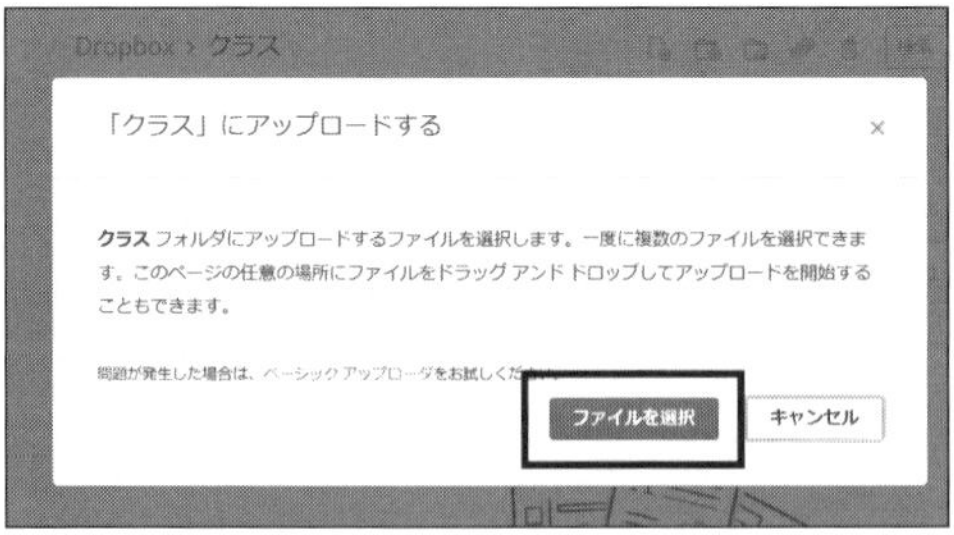

5.「ファイルを選択」をタップする。

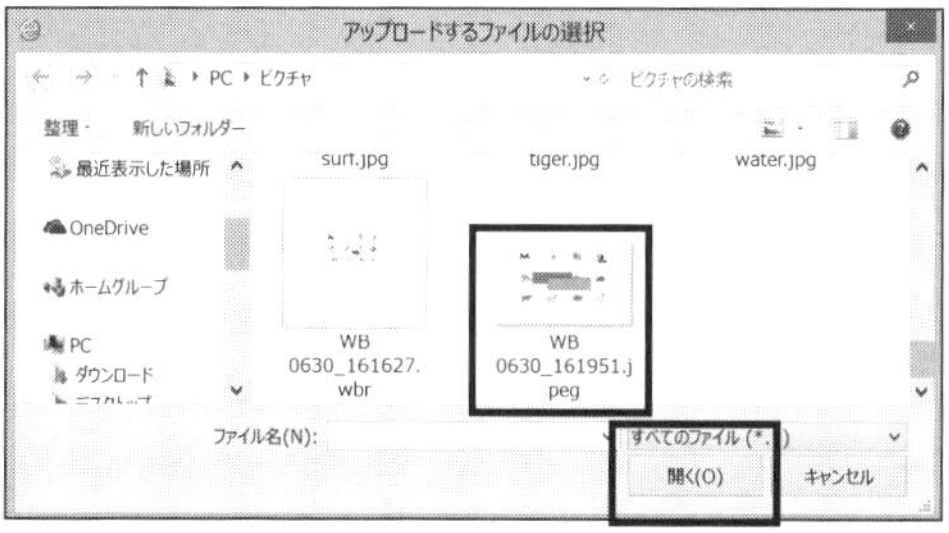

6. 生徒と共有したいファイルを選択して、「開く」をタップする。

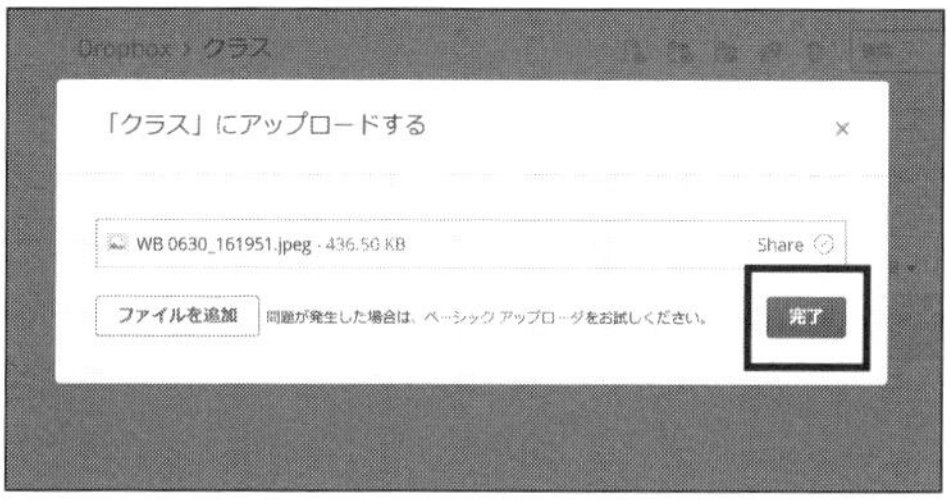

7. 確認したら、「完了」をタップする。

Windowsパソコンの専用ツール

Windowsパソコンに Dropboxの専用ツールをインストールすると、パソコン内にDropboxフォルダーが作られる。フォルダー内に保存したファイルが自動同期され、アップロードの手間を省くことができる。利用するには、「無料ダウンロード」サイトから、ダウンロードを実行する（https://www.dropbox.com/ja/install）。

[iPad]

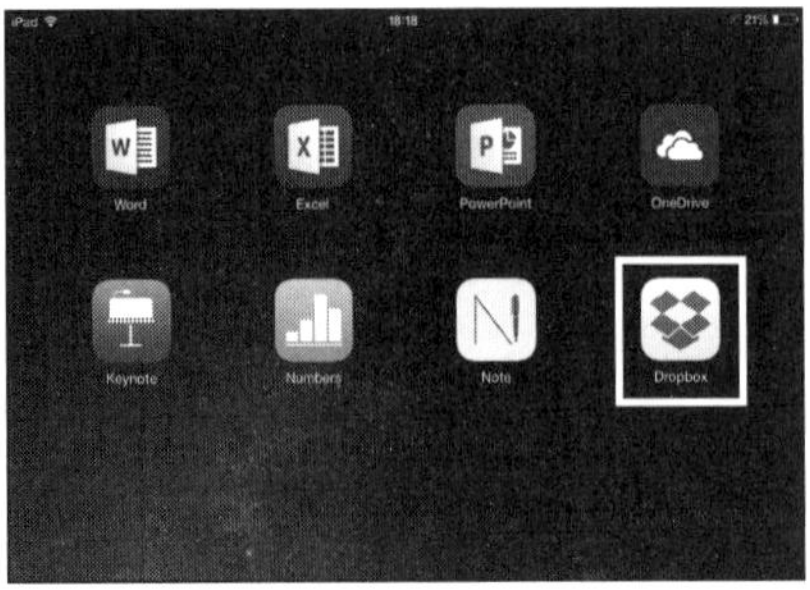

● iPadで利用可能にする

1. iPadでDoropboxを利用するには、AppStoreからダウンロードして、インストールする（AppStoreからのインストール方法は、P176参照）。
インストールが完了したら、タップして起動する。

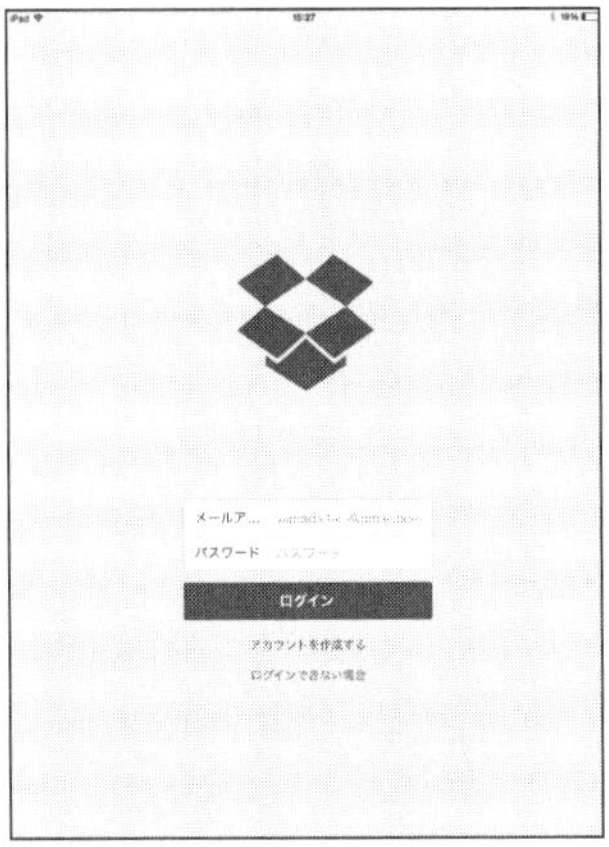

2. パソコンでアカウントを作成済みなら、ユーザー名とパスワードを入力して、ログインする。「アカウントを作成」をタップして新規に作成することもできる。

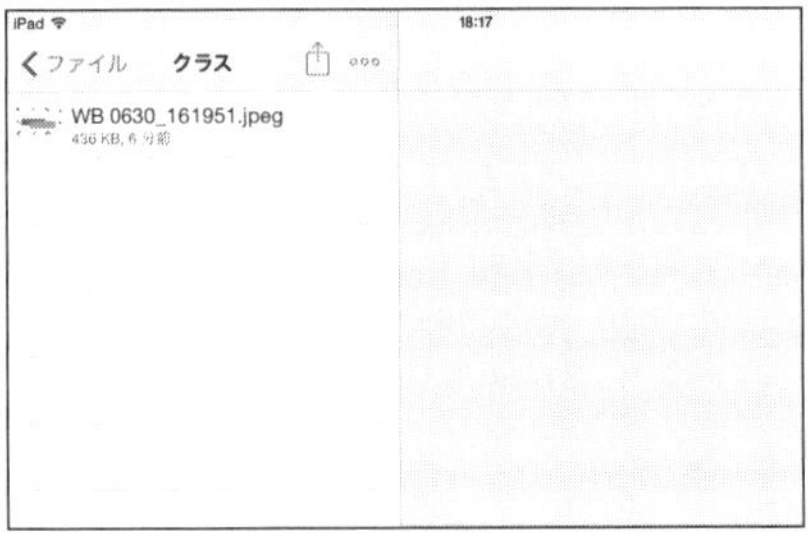

3. ログインしてフォルダーを選択すると、共有中のファイルにアクセスできる。

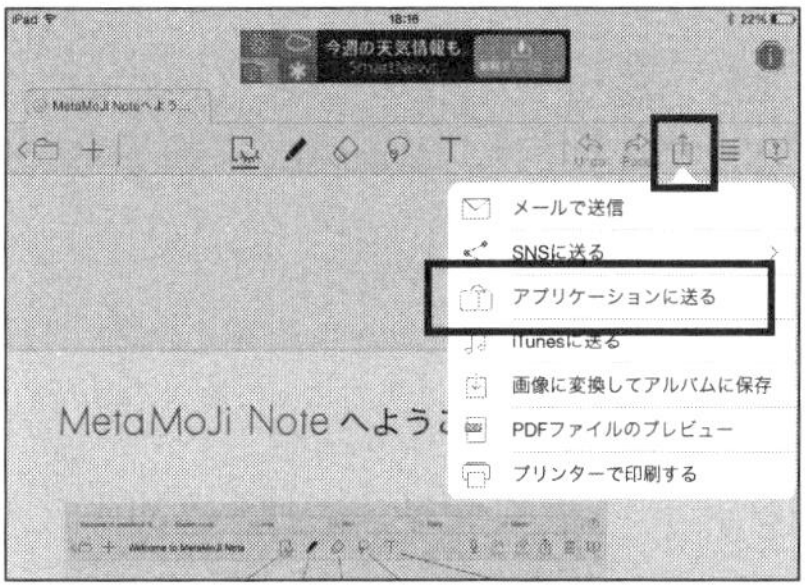

●他のアプリから呼び出す

1. Dropboxをインストールすると、他のアプリから機能を呼び出すことができる。

MetaMoJi Note Liteの場合、共有ボタンをタップして、「アプリケーションに送る」をタップする。

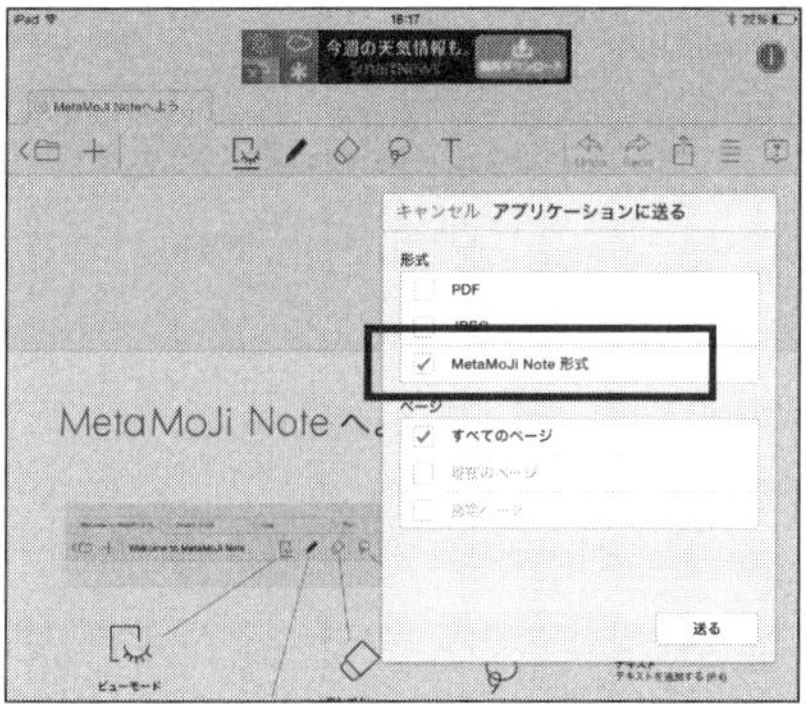

2. ファイル形式を選択して、「送る」をタップする。

3. 「Dropboxで開く」をタップする。これで、Dropboxの機能を利用して、ファイルを保存できる

3章では、タブレットの基本機能の他、主に以下のアプリについて、解説している。ただし、各アプリのすべての機能を解説できているわけではないし、アプリは常にアップデートされている。詳しい操作方法は、各アプリのヘルプや提供サイトの情報も参考にしてほしい。

●白板ソフト
http://www.mbrain.com/wb/

●MetaMoji Note Lite
http://product.metamoji.com/ja/anytime/

●ロイロノートスクール
https://n.loilo.tv/ja

●Dropbox
https://www.dropbox.com/

■本書中のWindowsタブレットの画面はWindows 8.1で作成しました。
■本書中のiPadの画面は、iOS8.3で作成しました。
■本書に記載のアプリケーションのバージョンは、2015年6月30日時点で最新のものです。アプリケーションの更新などにより、操作が変更となっている場合があります。

タブレットは紙に勝てるのか
タブレット時代の教育
赤堀侃司［著］
Jam House

著者紹介

赤堀侃司（あかほりかんじ）

ICT CONNECT 21（みらいのまなび共創会議）会長
日本教育情報化振興会会長
東京工業大学名誉教授
[Mail] akahori@japet.or.jp

[執筆協力]

池田利夫

主な著書
「新・親子で学ぶインターネットの安全ルール」
「学んで作る! 一太郎2014 徹 使いこなしガイド」など

●万一、乱丁・落丁本などの不良がございましたら、お手数ですが株式会社ジャムハウスまでご返送ください。 送料は弊社負担でお取り替えいたします。
●本書の内容に関する感想、お問い合わせは、下記のメールアドレスあるいはFAX番号あてにお願いいたします。電話によるお問い合わせには、応じかねます。
メールアドレス◆mail@jam-house.co.jp　FAX番号◆03-6277-0581

タブレット教材の作り方とクラス内反転学習

2015年8月31日　初版第1刷発行

著者　赤堀侃司
発行人　池田利夫
発行所　株式会社ジャムハウス
〒 170-0004　東京都豊島区北大塚 2-3-12
ライオンズマンション大塚角萬 302 号室
カバー・本文デザイン　船田久美子（ジャムハウス）
カバーイラスト　KAM
印刷・製本　シナノ書籍印刷株式会社

ISBN978-906768-30-1
定価はカバーに明記してあります。